D1572642

Pornotopía

Paul B. Preciado

Pornotopía

Arquitectura y sexualidad en «Playboy» durante la guerra fría

EDITORIAL ANAGRAMA
BARCELONA

Ilustración: © Charles Schridde

Primera edición: abril 2010
Segunda edición: marzo 2020

Diseño de la colección: lookatcia.com

© Paul B. Preciado, 2010

© EDITORIAL ANAGRAMA, S. A., 2010
   Pedró de la Creu, 58
   08034 Barcelona

ISBN: 978-84-339-6454-0
Depósito Legal: B. 2666-2020

Printed in Spain

Liberdúplex, S. L. U., ctra. BV 2249, km 7,4 - Polígono Torrentfondo
08791 Sant Llorenç d'Hortons

33614082300111

El día 15 de abril de 2010, el jurado compuesto por Salvador Clotas, Román Gubern, Xavier Rubert de Ventós, Fernando Savater, Vicente Verdú y el editor Jorge Herralde, concedió, por unanimidad, el XXXVIII Premio Anagrama de Ensayo a €®0$, de Eloy Fernández Porta.

Resultó finalista *Pornotopía,* de Paul B. Preciado.

Este proyecto surgió de una noche de insomnio. Veía la televisión, mientras intentaba dormir sin éxito en mi apartamento de Brooklyn, cuando, de repente, escuché a Hugh Hefner, el director de *Playboy*, la más influyente revista para adultos del mundo, vestido con pijama, batín y zapatillas de estar en casa, hablando sobre la importancia de la arquitectura en el imperio que él mismo había creado en 1953: palabras como «domesticidad», «liberación espacial» o «ático de soltero» tenían una resonancia especial en el discurso de Hefner. Aquello nada tenía que ver con la imagen que yo me había hecho hasta entonces de la revista de las chicas desnudas con orejas de conejo. Al día siguiente comencé una búsqueda de información que me llevó de biblioteca en biblioteca, hasta que *Playboy* se convirtió en parte de una investigación doctoral en Teoría de la Arquitectura en la Universidad de Princeton.

Así fue como *Playboy* acabó siendo un laboratorio crítico para explorar la emergencia de un nuevo discurso sobre el género, la sexualidad, la pornografía, la domesticidad y el espacio público durante la guerra fría.

En último término, *Playboy* me permitió poner a prue-

11

ba, fuera de consideraciones morales o legales, una definición arquitectónico-mediática de pornografía como mecanismo capaz de producción pública de lo privado y espectacularización de la domesticidad.

1. ARQUITECTURA PLAYBOY

En 1962 Hugh Hefner fue fotografiado posando junto a la maqueta de un edificio moderno, como lo hicieron algunos años antes Mies van der Rohe o Le Corbusier (véase imagen 1). Indiferente a la cámara, evitando toda relación con el espectador, los ojos de Hefner parecen empeñados en establecer un vínculo privilegiado con el edificio. Su cuerpo se dirige a la maqueta, sus brazos la envuelven como si estuvieran atados a ella por lazos de creación. Le vemos señalando el edificio con un objeto punzante, como si quisiera indicarnos un detalle de la construcción o abrir una ventana. Sin embargo, existían algunas diferencias entre la representación canónica del arquitecto moderno y este retrato: el objeto punzante no era un lápiz de dibujo o un tiralíneas sino una pipa, y Hefner no era arquitecto sino el creador de la revista para adultos *Playboy*, posando junto a una maqueta del Club Hotel Playboy que sería construido en Los Ángeles en los sesenta.

La pose de Hefner como arquitecto no era una farsa, sino que revelaba las intenciones arquitectónicas de lo que a simple vista parecía ser tan sólo un banal proyecto de prensa con contenido erótico. *Playboy* era mucho más que

13

papel y chicas desnudas. En la década de los cincuenta-sesenta, la revista había conseguido crear un conjunto de espacios que a través de una imparable difusión mediática habían llegado a encarnar una nueva utopía erótica popular. La revista había popularizado los diseños del «Ático Playboy» *(Playboy Penthouse Apartment)*, de la «Cocina sin Cocina» *(Kitchenless Kitchen)* y de la «Cama Giratoria» *(Rotating Bed)* que se verían después materializados con la reconstrucción en 1959 de la Mansión Playboy, un «*Love Palace* de 32 habitaciones» que servirá de inspiración al plató para el primer *reality show* de la historia de la televisión, emitido en 1959, y como decorado de innumerables fotografías que acabarán después en las páginas de la revista. El propio Hefner define de este modo la naturaleza de su proyecto:

> Quería una casa de ensueño. Un lugar en el que fuera posible trabajar y también divertirse, sin los problemas y conflictos del mundo exterior. Un entorno que un hombre pudiera controlar por sí solo. Allí sería posible transformar la noche en día, visionar una película a medianoche y pedir que me sirvieran la cena al mediodía, asistir a citas de trabajo en mitad de la noche y tener encuentros románticos por la tarde. Sería un refugio y un santuario... Mientras el resto del mundo quedaba fuera de mi control, en la Mansión Playboy todo sería perfecto. Ése era mi plan. Me crié en un ambiente muy represor y conformista, así que buscaba crear mi propio universo, donde me sintiera libre para vivir y amar de un modo que la mayoría de la gente apenas se atreve a soñar.[1]

1. Hugh Hefner, *Playboy*, diciembre de 1953, p. 1.

Se inicia así durante los años sesenta una operación mediático-inmobiliaria sin precedentes: Playboy construye un archipiélago de clubs nocturnos y hoteles diseminado a lo largo de los enclaves urbanos de América y Europa, llenando después las páginas de la revistas con reportajes que permiten observar el interior habitado de esos singulares espacios. Este doble proceso de construcción y mediatización alcanza su momento más álgido con la mudanza desde la Mansión de Chicago a Los Ángeles y con la restauración de la Mansión Playboy West en 1971.

Playboy no es simplemente una revista de contenido más o menos erótico, sino que forma parte del imaginario arquitectónico de la segunda mitad del siglo XX. *Playboy* es la Mansión y sus fiestas, es la gruta tropical y el salón de juegos subterráneos desde el que los invitados pueden observar a las Bunnies bañándose desnudas en la piscina a través de un muro acristalado, es la cama redonda en la que Hefner juguetea con sus conejitas. *Playboy* es el ático de soltero, es el avión privado, es el club y sus habitaciones secretas, es el jardín transformado en zoológico, es el castillo secreto y el oasis urbano... *Playboy* iba a convertirse en la primera *pornotopía* de la era de la comunicación de masas.

Como el arquitecto Reyner Banham señaló en 1960, *Playboy* había hecho más por la arquitectura y el diseño en Estados Unidos que la revista *Home and Garden*.[2] Casi cada número de *Playboy* desde 1953 había incluido un re-

2. Reyner Banham, «I'd Crawl a Mile for... *Playboy*», *Architects' Journal*, vol. 131, n.º 3.390, 7 de abril de 1960, p. 107. Citado en Bill Osgerby, «The Bachelor Pad as Cultural Icon. Masculinity, Consumption and Interior Design in American Men's Magazines, 1930-65», *Journal of Design History*, vol. 18, n.º 1, 2005.

portaje en color sobre arquitectura, reportajes para los que la revista había creado sus propios proyectos de diseño y decoración interior. Mientras las revistas locales como *Ladies Home Journal* o *House Beautiful* habían emprendido durante la posguerra una cruzada contra la arquitectura de Mies van der Rohe o Le Corbusier, considerándola ajena a las tradiciones autóctonas americanas, *Playboy* publicaba elogiosos artículos sobre Mies van der Rohe, Walter Gropius, Philip Johnson, Frank Lloyd Wright o Wallace K. Harrison, y utilizaba sus páginas como soporte de diseños «simples, funcionales y modernos» de los Eames, Saarinen, George Nelson, Harry Bertoia o Knoll y de otros diseñadores y arquitectos para entonces vinculados directa o indirectamente con el «International Style». Durante la guerra fría, Playboy se había convertido en una plataforma de difusión de la arquitectura y el diseño como bienes centrales de consumo de la nueva cultura popular americana.

Lejos de cuestionar la validez de la representación de Hugh Hefner como arquitecto definiendo la arquitectura de modo excluyente como una práctica profesional o académica, propongo aquí validar la fuerza performativa de la fotografía para producir significado y aceptar la pose de Hefner como una programática declaración de principios. Ésta será la arriesgada hipótesis de partida que pondré a prueba en estas páginas: es posible entender a Hugh Hefner como pop-arquitecto y al imperio Playboy como una oficina multimedia de producción arquitectónica, ejemplo paradigmático de la transformación de la arquitectura a través de los medios de comunicación en el siglo XX. Si como la historiadora Beatriz Colomina ha señalado, «lo que es moderno en la arquitectura moderna no es el funcionalismo ni el uso de los materiales sino su relación con los medios de comunicación de masas»,[3] es posible afirmar que *Playboy* no sólo contribuyó de manera ejemplar a la «modernización» de la arquitectura durante el periodo de la guerra fría, sino que se comportó como una auténtica oficina de producción arquitectónica multimedia difundiendo su modelo de utopía sexual, posdoméstica y urbana a través de una diseminación mediática sin precedentes desde la prensa hasta las mansiones de Chicago y Los Ángeles, pasando por los clubs, los hoteles, las agencias de viajes, el merchandising, los programas de televisión, el cine, el vídeo, internet y el videojuego.

Playboy había logrado inventar lo que Hugh Hefner denominaba un «Disneyland para adultos».[4] El propio Hefner era el arquitecto-pop de esta *follie* erótica multimedia. De algún modo, había entendido que para cultivar un alma había que diseñar un hábitat: crear un espacio, proponer un conjunto de prácticas capaces de funcionar como hábitos del cuerpo. Transformar al hombre heterosexual americano en playboy suponía inventar un *topos* erótico alternativo a la casa familiar suburbana, espacio heterosexual dominante propuesto por la cultura norteamericana de posguerra. Para ello era necesario atravesar los muros de la casa suburbana, penetrar en los domicilios

3. Véase «Un exotismo de lo más doméstico. Entrevista con Beatriz Colomina», Iván López Munuera, *Arte y Parte*, n.º 80, 2009, pp. 62-79. Colomina ha sido la primera en proponer una redefinición de la arquitectura, partiendo de la obra de Le Corbusier, a través de su relación con los medios de comunicación. Véase *Privacy and Publicity. Modern Architecture as Mass Media*, The MIT Press, Cambridge, Massachusetts, 1994. Agradezco las enseñanzas de Colomina y sus sugerencias durante la escritura de la primera versión de este texto.
4. Steven Watts, *Mr Playboy: Hugh Hefner and the American Dream*, Wiley, Hoboken, Nueva Jersey, p. 273.

privados, inocular en cada casa americana, primero por medio de la revista y luego a través de la televisión, un espacio virtual que se desplegaba únicamente a través del texto y de la imagen. En 1962, la revista se había convertido en el centro de una tentacular red multimedia que se extendía por toda Norteamérica a través del tejido urbano, desde los quioscos hasta las televisiones, pasando por los clubs y los hoteles.

En 1962, el mismo año en que Hefner se fotografió posando como arquitecto, nada menos que Sigfried Giedion, el historiador de la arquitectura más influyente de mediados del siglo XX, acuñó el término «Arquitectura Playboy» en la introducción a la segunda edición de *Espacio, tiempo y arquitectura,* que por aquel entonces se había convertido ya en un bestseller. El clásico de Giedion formaba parte de un intento titánico, al que también contribuyeron autores como Emil Kaufman o Nikolaus Pevsner, de generar una nueva historiografía de la arquitectura que pudiera dar cuenta de la emergencia de la «tradición moderna» como culminación del progreso técnico, científico y tectónico de la modernidad. Para Giedion, la arquitectura americana de posguerra amenazaba la materialización de ese gran proyecto que, desde el Partenón hasta Le Corbusier, portaba en sí el espíritu de la civilización europea. Lo curioso es que Giedion decidiera dar a esa amenaza el nombre de «Arquitectura Playboy»:

> Algunos consideran que la arquitectura contemporánea es una moda –como expresó un arquitecto norteamericano– y muchos proyectistas que habían adoptado los rasgos en boga del Estilo Internacional descubrieron

que la moda había pasado y que estaban inmersos en una orgía romántica. Lamentablemente, esta moda –con sus fragmentos históricos escogidos al azar– infectó a muchos arquitectos de talento. En la década de los sesenta sus resultados pueden verse por todas partes: en esmirriadas universidades de estilo gótico, en una filigrana de fastuosos detalles por dentro y por fuera, en soportes como palillos y en los conjuntos de edificios aislados de los mayores centros culturales. Se puso de moda una especie de arquitectura playboy: una arquitectura tratada como los playboys tratan la vida, saltando de una sensación a otra y aburriéndose rápidamente.[5]

Para Giedion aquello ya no era un conflicto de estilos, sino una batalla moral en la que la expansión de una «arquitectura playboy», cuyos síntomas eran la «superficialidad», el «cansancio», el «escapismo» y la «indecisión», venía a poner en cuestión los valores de «honestidad», «rectitud», «coherencia» y «fidelidad» que habían caracterizado la «tradición moderna».

¿Qué había llevado a Giedion a definir como «playboy» esta tendencia según él decadente de lo que por entonces se conocía como «International Style»? ¿Cuáles eran los signos arquitectónicos contaminantes de «superficialidad» y «escapismo» que merecían el nombre de «playboy»? En definitiva, ¿cuál era para Giedion el significado exacto del sintagma «arquitectura playboy» que él mismo había inventado?

Aunque es cierto que Giedion omite referencias direc-

5. Sigfried Giedion, «Architecture in the 1960s: Hopes and Fears», *Architectural Forum*, julio de 1962, vol. 117, p. 116. Trad. castellana: *Espacio, tiempo y arquitectura*, Reverté, Barcelona, 2009, Introducción: «La arquitectura de los años 1960: esperanza y temores», pp. 18-19.

tas a la conocida revista al hablar de la «arquitectura play-boy», podemos intuir que la cadena semántica que le permite establecer una comparación entre el estilo de vida playboy («superficial» y «escapista») y la arquitectura americana de posguerra depende en parte de este significante elíptico: sexo, o quizás, mejor, pornografía, representación pública de la sexualidad. En esta historia trazada por Giedion, la palabra «playboy» excede la referencia literal a la publicación en papel para indicar una mutación de la cultura americana propiciada por un conjunto de prácticas de consumo visual. *Playboy* había supuesto no sólo la transformación del porno en cultura popular de masas, sino también, como Giedion quizás intuía, un ataque frontal a las relaciones tradicionales entre género, sexo y arquitectura.

En su introducción, Giedion habla de una «revolución óptica» similar a la que al principio del siglo XX «había abolido la perspectiva del único punto de vista» conduciendo a la «concepción del tercer espacio», cuyo mayor exponente habría sido Le Corbusier, y a la creación de nuevas condiciones específicas de movimiento, volumen y relación del espacio interior y exterior dentro de la escena urbana. Quizás lo que se escondía tras la amenaza de la «arquitectura playboy» era la posibilidad de una «revolución», ya no óptica sino política y sexual, que modificaría no simplemente formas de ver, sino también modos de segmentar y habitar el espacio, así como afectos y formas de producción de placer, poniendo en cuestión tanto el orden espacial viril y heterosexual dominante durante la guerra fría como la figura masculina heroica del arquitecto moderno.[6]

6. En este sentido, no es extraño que Giedion oponga a la decadente arquitectura playboy la arquitectura «casta, tradicional y moderna» del Monasterio de La Tourette de Le Corbusier, construido en 1959.

¿Es posible leer a Giedion *versus* Giedion y utilizar sus interrogantes para descifrar Playboy? Dicho de otro modo, podemos preguntarnos: ¿cuál es el orden social y político, la espacialización del género y de la sexualidad que hacían de la arquitectura playboy una «orgía romántica», una «forma de escapismo»? ¿Cuál era el cuerpo, los afectos y los deseos, saltarines e irreprimibles, que a juicio de Giedion amenazaban con echar al traste el proyecto arquitectónico de la modernidad europea? ¿En qué consistían las «orgías románticas», los «saltos constantes de una sensación a otra», las «cacerías de formas», los detalles «chispeantes» y los «pasatiempos peligrosos» de la arquitectura playboy? ¿Acaso temía Giedion la crítica del papel tradicional del arquitecto y el desvelamiento de las relaciones entre placer y construcción? ¿Quería Giedion evitar la entrada en el lenguaje autónomo de la arquitectura de otros regímenes visuales menores que provenían de la cultura popular, con sus propias economías de deseo, consumo y recepción?

En todo caso, el olfato del viejo historiador de la arquitectura no se había equivocado. Hablar de los fríos cincuenta en América era hablar de *Playboy,* y la arquitectura no escapaba a esa hegemonía cultural. Intentando conjurar sus peores miedos, Giedion había inventado la «Arquitectura Playboy» como nombre de marca pop. Más aún, y quizás muy a pesar de Giedion, la fórmula subrayaba el poder del término «playboy» para funcionar como clave cultural y criterio historiográfico capaz de describir el periodo de posguerra que se extendía desde la publicación de la primera edición de *Espacio, tiempo y arquitectura* en 1941 hasta la segunda en 1962, poniendo de manifiesto al mismo tiempo la cualidad arquitectónica implícita en el significado popular de la noción Playboy (referida tanto al estilo de vida como a la revista).

El mismo número de *Architectural Forum* de 1962 que publica el artículo de Giedion «Arquitectura Playboy», que luego se convertirá en la introducción a la reedición de *Tiempo, espacio y arquitectura*, despliega un amplio reportaje fotográfico que presenta, entre otros, a los arquitectos americanos Philip Johnson, Raymond Loewy o Charles Goodman, en sus estudios, rodeados de sus propios diseños. Un análisis comparativo de las fotografías permite extraer algunas conclusiones acerca de los códigos de representación que dominan la construcción de la figura del arquitecto durante los cincuenta. De acuerdo con la rígida división de género que segmenta los espacios profesionales y domésticos durante los años cincuenta, todos son fotografiados en sus estudios y, en continuidad con la genealogía de la arquitectura hecha de maestros y marcada por el prestigio social, todos son *hombres blancos vestidos de negro*. Todos (excepto Bruce Goff y Harris Armstrong) llevan camisa blanca, traje oscuro y corbata, reafirmando su estatus social y estableciendo una distancia con los modelos de la masculinidad de las clases trabajadoras o rurales.

La arquitectura, representada a través de los croquis, las maquetas, las fotos de proyectos completos o en marcha o simplemente indicada a través de los muebles de diseño, opera aquí con la fuerza de un significante de género, acentuando la representación de la masculinidad. Pero, a diferencia de la masculinidad pesada y opaca (encarnada respectivamente por el volumen de Mies y por las gruesas gafas negras de Le Corbusier), estas imágenes construyen una masculinidad más ligera y lúdica. Las gafas de Le Corbusier, el punzón o el tiralíneas o incluso el emblemático puro habano de Mies han dejado paso al cigarrillo (de hecho, la pipa de Hefner no sería totalmente extraña en este contexto), que, junto con el gesto corporal relajado, sugiere distracción y ocio más que trabajo conceptual o diseño. Casi todos han abandonado la mesa de dibujo y están cómodamente apoyados o incluso sentados a la altura del suelo. Al situar el retrato de Hefner junto a estas fotografías, podemos concluir que, como signo de una mutación cultural en marcha que Giedion debía de presentir con irritación, mientras Hefner se esfuerza por adoptar los códigos visuales de representación de la masculinidad del arquitecto, los arquitectos empiezan a desear ser representados como playboys.

La reapropiación de Hefner de los códigos performativos de producción de la identidad del arquitecto tradicional a través del retrato no es por tanto meramente casual, sino que revela un proceso de transformación de la arquitectura en relación con los medios de comunicación y la cultura popular. Hugh Hefner entiende y explota este *devenir mass-media* de la arquitectura como lo harán también algunos de los más importantes arquitectos de este momento. Mientras que, en la misma época, Le Corbusier, Philip Johnson o Buckminster Fuller utilizarán los medios de comunicación (cine, televisión, radio, etc.) como formas de producción y representación de la arquitectura, Hefner entenderá la arquitectura, la invención de formas y el diseño de un espacio interior como parte de un proyecto de expansión mediática de *Playboy*.

Calentando la guerra fría

El primer número de la revista *Playboy* apareció en los quioscos americanos en plena guerra fría, en noviembre de 1953, pirateando un conjunto de estrictas leyes «*anti-obscenity*» que restringían la distribución de textos e imágenes de contenido sexual en prensa y correo postal. El primer *Playboy* lanzado por Hugh Hefner, su esposa Millie Williams y un grupo de amigos desde Chicago ni siquiera llevaba fecha ni número en la portada porque nadie creía realmente que habría una segunda oportunidad. Desafiando cualquier expectativa, la primera entrega vendió más de 50.000 ejemplares, lo que bastó para cubrir costos y financiar un segundo número.

El primer ejemplar de *Playboy* incluía fragmentos de *Sherlock Holmes* de Arthur Conan Doyle, acompañados de un dibujo de un joven yonqui chutándose, un artículo sobre el jazz, un cuento sobre el adulterio del *Decamerón*, un texto irónico sobre la carga financiera excesiva que recaía sobre los hombres tras el divorcio y un reportaje fotográfico sobre el «diseño del despacho para la oficina moderna». Todo eso no era ni mucho menos novedoso, aunque el contexto de guerra fría podía calificarse de poco propicio para la exaltación de la música negra, el uso de drogas, el adulterio o el divorcio en medio de un «retorno a la moral» promovido desde las instancias gubernamentales. «Cuando aparece el primer número en 1953», nos recuerda *Los Angeles Times*, «no había apenas contracultura en Estados Unidos, ni tan siquiera una forma de bohemia, excepto en Greenwich Village. El movimiento Beat todavía no existía, Elvis estaba aún conduciendo un camión en Memphis, y pasearse con un *Trópico de Cáncer* de Henry Miller bajo el brazo podría hacerte pasar por degenerado e incluso llevarte a la cárcel unos días.»[7]

7. *Los Angeles Times*, citado en *Playboy. 50s Under the Covers*, publicación especial, Bondi Digital Publishing, Nueva York, 2007.

Pero seguramente lo que desató la venta inesperada de 54.000 ejemplares del primer número de *Playboy* no fue el jazz, sino la presencia de la fotografía en color de Marilyn Monroe realizada por Tom Kelley. Hefner había comprado la imagen por un precio módico a la compañía de calendarios y pósters de *pin-ups* de Chicago John Baumgarth, que había renunciado a distribuir la fotografía del desnudo de Monroe por correo postal por miedo a verse sumida en una acusación de obscenidad.

En realidad, las leyes antiobscenidad estaban vigentes en el continente americano desde 1712, pero sus criterios de aplicación y su funcionamiento eran, si no totalmente arbitrarios, al menos fluctuantes. Mientras que se había prohibido la publicación de *Hojas de hierba* de Walt Whitman o de los artículos sobre contracepción de Margaret Sanger y el estado de Nueva York encerraba a Mae West por actuar en la obra teatral *Sexo*, las fotografías de desnudos que luego serían consideradas pornográficas habían sido ampliamente producidas y distribuidas durante la Primera y la Segunda Guerra Mundial por el propio ejército americano como material de «apoyo estratégico a las tropas», según una definición del gobierno. El mismo aparato estatal que había promocionado las prácticas masturbatorias masculinas heterosexuales de los soldados en tiempos de guerra como apoyo estratégico, entendía ahora esas mismas imágenes como una amenaza a la reconstrucción de la familia heterosexual en tiempos de paz y las perseguía legalmente, considerándolas material pornográfico. Se configura así durante la posguerra la primera definición legal de pornografía ligada de forma explícita a las nuevas tecnologías de reproducción de la imagen y de transporte: la fotografía y el correo postal distribuido por vía férrea o aérea. El servicio nacional de correos operaba de este modo como una red estatal de control de la circulación y difusión de información. Lo que parecía ser un sistema de comunicación descentralizado y democrático era en realidad un aparato de censura y vigilancia.

Desafiando estas erráticas leyes antiobscenidad que regían en Chicago durante los cincuenta, Hefner decidió convertir la imagen de Tom Kelley en un desplegable en color, transformándola en un icono cultural.[8] Monroe posa desnuda mirando a la cámara, pero recostada de tal modo sobre una manta de terciopelo rojo que su pelvis permanece oculta y tan sólo uno de sus pechos es visible directamente. En 1953, Marilyn Monroe, que había empezado siendo modelo y actuando en pequeñas películas eróticas, se había decolorado el pelo, se había operado la nariz siguiendo el consejo de su agente y había dado el salto al cine tradicional, participando en *The Asphalt Jungle* y en *All About Eve*, hasta convertirse en portada (evidentemente, en esta ocasión vestida) de la revista *Life*. La distribución de la fotografía en color de Monroe desnuda a través de toda Norteamérica fue un fenómeno de masas sin precedentes. Hefner había inventado la pornografía moderna: no por el uso de una fotografía de un desnudo humano —algo recurrente en las publicaciones ilegales de revistas *Nudies* de la época—, sino por el empleo de la maquetación y el color y por la transformación de la imagen en desplegable que hacía de la revista una técnica portátil de «apoyo estratégico» —por usar la expresión del ejército americano—

8. *Playboy* tuvo la suerte de escapar a la mirada de la censura en esta primera ocasión. Véase Russell Miller, *Bunny: The Real Story of Playboy*, Michael Joseph, Londres, 1984, p. 44. Sin embargo, las oficinas de *Playboy* en East Superior Street fueron a menudo objeto de vigilancia policial durante los años cincuenta. En 1956, la revista obtendrá, finalmente, un permiso de distribución legal por correo.

para la masturbación masculina. En la fotografía de Marilyn, el contraste en la impresión de los colores rojo y carne y la ampliación de la imagen en doble página podía considerarse tan pornográfico como el propio desnudo. Aquí la noción de pornografía no pretende emitir un juicio moral o estético, sino simplemente identificar nuevas prácticas de consumo de la imagen suscitadas por nuevas técnicas de producción y distribución y, de paso, codificar un conjunto de relaciones inéditas entre imagen, placer, publicidad, privacidad y producción de subjetividad. Lo que en *Playboy* era pornográfico no era la utilización de ciertas fotografías consideradas obscenas por las instancias gubernamentales de censura y vigilancia del decoro, sino el modo en que hacía irrumpir en la esfera pública aquello que hasta entonces había sido considerado privado. Lo pornográficamente moderno era la transformación de Marilyn en información visual mecánicamente reproducible capaz de suscitar afectos corporales.

Como recuerda Gay Talese: «Antes de *Playboy*, muy pocos hombres habían visto una fotografía de una mujer desnuda en color, así que se sentían desbordados y avergonzados cuando compraban *Playboy* en el quiosco, doblando la revista hacia dentro mientras se alejaban.»[9] Integrada en un contexto textual más amplio, la imagen podía funcionar al mismo tiempo como segmento visual móvil y transportable capaz de circular y de difundirse por la ciudad de forma pública e indiscriminada, infiltrando espacios y suscitando afectos que hasta entonces eran únicamente privados.

En plena guerra fría, *Playboy* estaba cambiando el paisaje de la cultura popular americana. Pocos meses después

9. Gay Talese, citado en *Playboy. 50s Under the Covers, op. cit.*

de su primera publicación, con ventas de 250.000 ejemplares, *Playboy* conseguía aventajar a la instalada revista *Esquire*. En 1959, *Playboy* era la revista más distribuida en Estados Unidos, superando el millón de ejemplares vendidos. A finales de los sesenta, la revista contaba con más de seis millones de lectores. Como recuerda el editor Leopold Froehlich, «en tan sólo seis años, entre 1953 y 1959, Hugh Hefner había tomado América al asalto. Los años cincuenta le pertenecían. Ésa fue la década en la que *Playboy* conquistó América.»[10] La lógica *Playboy* consistía en hacer cohabitar en las páginas de la misma revista las fotografías de chicas desnudas tomadas por Russ Meyer o Bunny Yeager con textos, entrevistas y reportajes sobre Andy Warhol, Jack Kerouac, James Baldwin o Frank Lloyd Wright, así como reportajes en color sobre arquitectura, decoración de interiores o moda masculina. La idea, explicaría Hefner más tarde, era «unir a la sofisticación de *Esquire* y del *New York Times* la sal y pimienta del arte *pin-up*.»[11] En realidad, *Playboy* estaba inventando nuevos modos de producción de sentido y subjetividad que iban a caracterizar la cultura americana de finales del siglo XX.

A diferencia de *Esquire* y *New Yorker*, *Playboy* apelaba directamente al deseo sexual de los lectores (idealmente proyectados como masculinos, blancos y heterosexuales) y dejaba al descubierto la dimensión carnal de sus prácticas de consumo, reclamando la implicación de sus cuerpos y de sus afectos. La revista reunía en un mismo medio las prácticas de la lectura de textos e imágenes y la masturbación, haciendo que el deseo sexual se extendiera indiscri-

10. Leopold Froehlich, en «Introduction» a *Playboy. 50s Under the Covers, op. cit.*
11. Hugh Hefner, *Playboy. 50s Under the Covers, op. cit.*

minadamente desde el jazz hasta los paneles de formica de las mesas de oficina anunciadas en sus páginas.[12] Interceptando la práctica tradicional de la lectura, *Playboy* no sólo construía un nuevo consumidor masculino urbano, sino que diseñaba un nuevo tipo de afecto, de deseo y práctica sexual distinto al que dominaba la ética del «*breadwinner*»: el decente trabajador y buen marido blanco y heterosexual promovido por el discurso gubernamental americano tras la Segunda Guerra Mundial. En realidad, Playboy estaba tallando una nueva alma en la cantera virtual de la cultura popular americana.

12. Esta yuxtaposición entre discurso cultural y masturbación no era nueva: había sido fundamental en las publicaciones políticas revolucionarias, anticlericales y libertinas francesas del siglo XVIII. Sobre los orígenes de las publicaciones pornográficas en la modernidad véase Lynn Hunt (ed.), *The Invention of Pornography. 1500-1800*, The MIT Press, Cambridge, Massachusetts, 1993.

2. MANIFIESTO POR UN HOMBRE DE INTERIOR: EL DESPERTAR DE LA CONCIENCIA DOMÉSTICA DEL PLAYBOY

Sin duda la imagen más conocida de Hugh Hefner no es la fotografía en la que posa junto a la maqueta de arquitectura del Playboy Club de Los Ángeles, sino aquella, repetida en mil variaciones, en la que aparece vestido con pijama, batín y zapatillas de estar en casa, situado en un lugar que nunca va más allá del umbral de la Mansión Playboy, rodeado de un grupo de «conejitas». Difícil representar a Hefner de otro modo, si es cierto que, como afirman sus biógrafos, ha vivido más de cuarenta años sin salir de su casa salvo en ocasiones excepcionales y únicamente a bordo de su jet privado *Big Bunny* –un DC-9 equipado con pista de baile, cama elíptica y termas romanas– para trasladarse de su residencia de Chicago a la de Hollywood. Es posible que Hugh Hefner sea el primer personaje público masculino del siglo XX que haya sido representado fundamentalmente como un «hombre de interior»: el suyo habría sido el primer cuerpo masculino en entrar en la historia llevando por único traje un impecable pijama de seda y un batín corto de terciopelo.

En el libro *Inside the Playboy Mansion*, la periodista Gretchen Edgren, respondiendo a un encargo de Playboy

Enterprises, reconstruye la biografía de Hefner y la historia de la revista a través de más de mil fotografías del interior de las diferentes casas y habitáculos Playboy: la Mansión Playboy, construida en 1959 en un antiguo edificio institucional de Chicago, y la Mansión Playboy West, situada en Los Ángeles, que será la residencia oficial de Hugh Hefner a partir de 1972.

Edgren nos permite acceder a lo que se presenta como un archivo privado y doméstico de la vida de Hefner: vemos a los invitados de la casa, los juegos nocturnos, las proyecciones caseras de cine, vemos a Hefner eligiendo las fotos de la revista utilizando su cama giratoria como una enorme plataforma visual, le vemos mientras su peluquero personal le corta el pelo, dando de comer a los monos enjaulados, jugando al ping-pong, ordenando pijamas de todos los colores en su armario, pero también vemos las cámaras de televisión rodando el primer programa desde un escenario idéntico al de la Mansión en 1959, o filmando las fiestas nocturnas de la casa.[13] No vemos prácticamente ni una sola imagen del exterior de la propiedad, nunca atravesamos la puerta de la Mansión de Chicago o vamos más allá del jardín de la Mansión West de Los Ángeles. Paradójicamente, incluso las imágenes del avión o del yate Playboy vuelven a representar interiores. Edgren traza una narrativa arquitectónico-épica de *Playboy* en la que la emergencia de la revista aparece como un momento concreto en un proyecto mucho más amplio de diseño de un nuevo espacio interior que se materializará en la Mansión. Gret-

---

13. Estos espacios obtuvieron reconocimiento, en parte, gracias a la televisión. El show televisivo *Playboy Penthouse* comenzó a emitirse el 24 de octubre de 1959 y se mantuvo durante dos temporadas, los sábados a las once y media de la noche, en el Canal 7 de WBKB Chicago.

chen Edgren sugiere que Playboy, a través de diversos medios audiovisuales, habría perseguido un objetivo fundamentalmente político y arquitectónico (sólo secundariamente mediático y en ningún caso pornográfico): desencadenar un movimiento por la liberación sexual masculina, dotar al hombre americano de una conciencia política del derecho masculino a un espacio doméstico y, en último término, construir un espacio autónomo no regido por las leyes sexuales y morales del matrimonio heterosexual. Y todo ello, reivindica Hefner, mucho antes del despertar del feminismo y de los movimientos de liberación sexual. Frente al «imperio del hogar familiar heterosexual» de los años cincuenta, *topos* central del sueño americano, *Playboy* habría luchado por la construcción de una utopía paralela: «el imperio del soltero en la ciudad». La página Salon.com dedicada a la historia de *Playboy* relata de este modo la revolución *masculinista* iniciada por la revista:

> *Playboy* metió a los hombres en sus hogares. Convenció a los chicos de que era fantástico quedarse a jugar en casa. Mientras las otras revistas masculinas –*Argosy*, *Field & Stream*, *True*– manifestaban que los hombres debían dedicarse a cazar patos o pescar truchas, la de Hef dejaba a los hombres en casa preparando cócteles, sentados junto a la chimenea y jugando al backgammon o besando a la novia. En lo que años después pudo verse como una irónica complicidad con feministas como Betty Friedan, *Playboy* arremetía contra las instituciones establecidas del matrimonio y la vida hogareña y familiar en las urbanizaciones. De pronto la soltería se había vuelto una opción posible, adornada, además, con bebidas inteligentes, equipos de alta fidelidad y pisos urbanitas, capaz de superar los sueños de la clase media ameri-

33

cana. Los hombres descubrían que era posible ser sofisticados, y el universo de *Playboy* los invitaba a valorar «lo mejor de lo mejor»: la literatura, una buena pipa, un jersey de cachemir, una mujer bella. Estados Unidos asistía al nacimiento del soltero urbanita, que por fin podía ahorrarse la sospecha de ser homosexual por no ajustarse a las normas hogareñas, gracias a su dosis mensual de fotos de mujeres desnudas.[14]

Entre 1953 y 1963, *Playboy* pone en circulación un combativo discurso destinado a construir una nueva identidad masculina, la del joven soltero urbanita y casero. El nuevo hombre urbano, soltero (o divorciado) pero heterosexual, y su apartamento serán las figuras centrales de esta contranarrativa del sueño americano propuesta por *Playboy*. Ya en diciembre de 1953, el editorial del segundo número de *Playboy* define la publicación como una «revista de interior», acercándola de modo insólito tanto a las revistas femeninas como a las revistas de arquitectura y decoración, por oposición a las revistas tradicionales masculinas: «Actualmente, la mayoría de las "revistas para hombres" transcurren al aire libre, entre matorrales y zarzas o en medio de las aguas bravas de los rápidos. También nosotros visitaremos esos parajes de vez en cuando, pero desde ahora anunciamos que vamos a pasar la mayor parte del tiempo entre cuatro paredes. Nos encanta estar en casa.»[15]

El *masculinismo heterosexual de interior* promovido por *Playboy* ataca las segregaciones espaciales que regían la vida

14. «Hugh Hefner», http://www.salon.com/people/bc/1999/1 2/28/ hefner/index1.html.
15. *Playboy*, diciembre de 1953, p. 1.

social en Estados Unidos durante la guerra fría. Cuando *Playboy* defiende la ocupación masculina del espacio doméstico no pretende reenviar al soltero a una reclusión forzada en la casa suburbana, hasta ahora espacio tradicionalmente femenino, sino que anuncia la creación de un nuevo espacio radicalmente opuesto al hábitat de la familia nuclear americana.

La teoría de las «dos esferas» que había dominado el espacio social burgués desde el siglo XIX estaba basada en una rígida división de género: definía el espacio público, exterior y político como campos de batallas propios de la masculinidad, haciendo del espacio doméstico, interior y privado lugares naturalmente femeninos. En realidad, la economía industrial había erosionado la función productiva del espacio doméstico, que una vez privado de poder se había visto caracterizado como femenino.[16] Sin embargo, las nociones mismas de «exterior» e «interior», como las categorías de «masculinidad» y «feminidad», se habían complicado durante la Segunda Guerra Mundial. Por una parte, la guerra había supuesto una reordenación de los espacios de género: la célula familiar se había visto dislocada por el alistamiento masivo de los hombres en el ejército; las mujeres se habían integrado con mayor fuerza en la vida pública y en el trabajo productivo fuera del espacio doméstico. Además, el ejército americano y sus violentas medidas de estigmatización de la homosexualidad dieron lugar a una campaña sin precedentes de visibilización y de repolitización de la disidencia sexual en Estados Unidos.

---

16. Sobre la teoría de las dos esferas y la invención de la «mujer doméstica» véase el estudio clásico de Nancy F. Cott *The Bonds of Womanhood: «Woman's Sphere» in New England. 1780-1835*, Yale University Press, New Haven, 1977.

Entre 1941 y 1945, más de 9.000 hombres y mujeres americanos fueron diagnosticados como «homosexuales» y sometidos a curas psiquiátricas o considerados no aptos para el servicio militar. Como ha mostrado el historiador Allan Bérubé, el primer movimiento americano de defensa de los derechos de los homosexuales en Estados Unidos, anterior a la lucha de los derechos civiles, surgirá precisamente de los debates internos de los servicios psiquiátricos del ejército en defensa de un tratamiento igualitario de los soldados con independencia de su orientación sexual.[17]

Entretanto, la invención de nuevas técnicas de modificación hormonal y quirúrgica de la morfología sexual habían dado lugar a la invención de la noción de «género» en 1947 y a la aparición de estrictos protocolos de tratamiento de los llamados «bebés intersexuales», a la invención de la primera píldora anticonceptiva y a la puesta en práctica de las primeras operaciones de reasignación de sexo. En 1953, el soldado americano George W. Jorgensen se transforma en Christine Jorgensen, convirtiéndose en la primera mujer transexual cuyo cambio de sexo será objeto de seguimiento mediático.[18] El capitalismo de guerra y de producción estaba mutando hacia un modelo de consumo y de información del que el cuerpo, el sexo y el placer formaban parte. A partir de 1953, Alfred Kinsey publica sus estudios sobre la sexualidad masculina y femenina, dejando al descubierto la brecha abierta entre la mo-

17. Véase Allan Bérubé, *Coming Out Under Fire: The History of Gay Men and Women in World War Two*, Free Press, Nueva York, 1990.
18. El paso de la economía bélica (soldado) a la economía del espectáculo (Christine será artista de teatro burlesque), de la masculinidad a la feminidad, resulta también sintomático de las mutaciones del capitalismo de posguerra. Según su biógrafo Steven Watts, la historia de Christine Jorgensen impresionó a Hugh Hefner.

ral victoriana y las prácticas sexuales de los americanos. El sexo y la privacidad doméstica que un día habían sido sólidos, por decirlo con Marx, empezaban ahora a desvanecerse en el aire.

En este contexto de redefinición de las tradicionales fronteras de género, así como de los límites entre lo privado y lo público, la vuelta de los soldados americanos a casa, aun con la promesa de escapar de los peligros bélicos y nucleares del exterior, no había sido un simple proceso de re-domesticación, sino más bien un desplazamiento sin retorno. El soldado heterosexual, postraumáticamente inadaptado a la vida monógama de la unidad familiar, vuelve a casa para convertirse no tanto en la complementaria pareja de la mujer heterosexual, sino en su principal rival. Lo doméstico se había vuelto extraño. Ahora era la heterosexualidad la que estaba en guerra.

Quizás fue esta crisis en las tradicionales instituciones que habían regulado las diferencias de género y de sexualidad la que llevó durante la guerra fría a una persecución encarnizada de los homosexuales como «enemigos de la nación». La campaña Fight for America, dirigida por el senador Joseph McCarthy, fue una operación de denuncia y castigo de comunistas, gays y lesbianas que ocupaban posiciones institucionales.[19] La guerra fría había desplazado la confrontación desde el espacio geográfico del Estado-nación hasta la escurridiza superficie de los cuerpos. En un giro paranoico, el Estado volvía sus instrumentos de espionaje, vigilancia y tortura contra sus propios ciudadanos,

19. Sobre la operación llevada a cabo por McCarthy véase David K. Johnson, *The Lavender Scare: The Cold War Persecution of Gays and Lesbians in the Federal Government*, University of Chicago Press, Chicago, 2006.

tomando el cuerpo, el género y la sexualidad como expresiones literales de fidelidad nacional. La homosexualidad, entendida a través de las analogías de la contaminación («una epidemia que infecta la nación») y la penetración («un misil nuclear entre los Estados Unidos y la Unión Soviética»), aparece como una amenaza frente a la integridad del «cuerpo social» americano. Pensado como un aliado sexual del judío y del comunista, el homosexual es un extranjero, ocupa un espacio de intersección entre todos los afueras (geopolíticos y sexuales) que definen la identidad americana de posguerra. La lucha contra la homosexualidad se acompañó de un recrudecimiento de lo que podríamos llamar con Judith Butler los modelos performativos del género y de la raza.[20] La perfecta ama de casa y el padre trabajador son diseñados como modelos de género complementarios de los que depende la estabilidad de la familia blanca heterosexual.

El régimen espacial de la casa suburbana que se impone en Estados Unidos durante la guerra fría no es sólo una consecuencia de la amenaza de un eventual ataque nuclear sobre las grandes metrópolis americanas que empujaría a la descentralización y a la construcción de barrios residenciales familiares alejados de los nudos urbanos. El régimen espacial de la casa suburbana es también una traducción arquitectónica de las premisas de redefinición de la masculinidad, feminidad y heterosexualidad que habían estructurado la purificación sexual, racial e ideológica de la sociedad americana iniciada por McCarthy. Como explica

20. Sobre la definición performativa de la identidad sexual y de género véase Judith Butler, *El género en disputa. El feminismo y la subversión de la identidad*, Paidós, Barcelona, 2007, y *Cuerpos que importan*, Paidós, Buenos Aires, 2008.

el urbanista e historiador Mario Gandelsonas, «la ciudad suburbana sólo se hizo realidad tras la Segunda Guerra Mundial gracias a la convergencia de dos factores, uno social y otro físico. El primero tuvo lugar cuando la prioridad nacional pasó a ser emplear a los veteranos de guerra y retirar a las mujeres de los puestos de trabajo remunerados. Pero el impulso definitivo lo dio la construcción del sistema de autopistas interestatales, que jugará un papel crucial en los cambios radicales que determinarán la forma y la velocidad del desarrollo de las comunidades suburbanas y de los centros urbanos».[21] Para Gandelsonas eran las oposiciones sociales y políticas las que estructuraban la ciudad: «esta nueva forma urbana se definía por la relación de términos opuestos: las áreas suburbanas (término positivo) frente al *downtown* o centro de la ciudad (término negativo); las áreas residenciales frente al lugar de trabajo; pero también divididos en términos de clase y raza, la clase media blanca frente a la clase baja negra».[22]

La polaridad casa suburbana-centro urbano producía una segregación de género y racial mucho más violenta que la que había dominado el espacio metropolitano del siglo XIX.[23] Mientras los hombres conducían sus automóviles por las nuevas autopistas hacia sus lugares de trabajo, las mujeres y los niños quedaban recluidos en los enclaves suburbanos. Dentro de la casa unifamiliar, la mujer se con-

---

21. Mario Gandelsonas, *eXurbanismo: La arquitectura y la ciudad norteamericana*, Infinito, Buenos Aires, 2007, p. 31.

22. *Ibid.*, p. 30.

23. Levittown, construido entre 1947 y 1951 en Long Island, cerca de Nueva York, es el más emblemático de los complejos suburbanos norteamericanos: contaba con 17.000 casas de construcción estandarizada. Más del 88 % de sus habitantes eran familias blancas. Sólo el 0,07 % eran afroamericanos.

vertía en una trabajadora no-asalariada a tiempo completo al servicio del consumo y de la (re)producción familiar. Por otra parte, los ajardinados complejos suburbanos eran zonas segregadas racialmente, puesto que la propiedad privada de una casa unifamiliar era un privilegio al que sólo las familias blancas de clase media podían acceder: la retirada de los blancos del *downtown* se acompañó de una nueva política de vigilancia policial y de recesión de los espacios públicos urbanos.

Los años de posguerra podrían caracterizarse como la época de extensión y consolidación de un conjunto de normas de género y sexuales que constituirían lo que más tarde Adrienne Rich denominaría «imperativo heterosexual».[24] Como la casa unifamiliar y el automóvil, la masculinidad y la feminidad de posguerra son ensamblajes estandarizados que responden a un mismo proceso de industrialización. La casa suburbana es una fábrica descentrada de producción de nuevos modelos performativos de género, raza y sexualidad. La familia blanca heterosexual no es únicamente una potente unidad económica de producción y consumo, sino, y sobre todo, la matriz del imaginario nacionalista americano. En este contexto, la lucha de *Playboy* por extraer al hombre de la célula reproductiva suburbana tendrá que movilizar también una defensa a ultranza de la heterosexualidad y del consumo para ahuyentar las sospechas de los «vicios antiamericanos» de homosexualidad y comunismo.

24. Adrienne Rich, «Compulsory Heterosexuality and Lesbian Existence», *Signs*, vol. 5, n.º 4, 1980, pp. 631-660.

«A room of his own». Una habitación propia... para él

Frente a la restauración de la segregación sexual de esferas que exhortaba al hombre a dejar la casa suburbana en manos femeninas, *Playboy* va a defender la ocupación, la recuperación o incluso la colonización masculina del espacio doméstico y del *downtown*. Frente al retorno a la casa unifamiliar en los suburbios, *Playboy* apuesta por la construcción de una utopía paralela, un «refugio en la ciudad para el hombre soltero»: el ático urbano. Este desplazamiento del varón hacia el espacio doméstico fue presentado por *Playboy* como una forma de compensación activa, un mecanismo regulador frente al exceso de virilidad ranchera que amenazaba con llevar al hombre tradicional estadounidense a desentenderse de los detalles de su hogar.

Es posible leer los editoriales de los primeros números de *Playboy* como un auténtico manifiesto por la *liberación masculina de la ideología doméstica*.[25] Sin embargo, esta liberación no consistirá, como en el caso del feminismo, en el abandono de la domesticidad, sino más bien, y de manera paradójica, en la construcción de un espacio doméstico específicamente *masculino*.

Formando parte de esta agenda de colonización masculina del espacio doméstico, cada número de *Playboy* a partir de 1953 incluirá un reportaje sobre la conquista y la reapropiación de un espacio interior o pseudodoméstico para el soltero urbano: la glamourosa cabaña de fiesta para los fines de semana, el yate, el estudio, la cama, la oficina o el coche se convierten en parte de un programa de reconquista. Se trata de hogares subrogados, interioridades de

25. Véase Steven Cohan, en Joel Sanders, *Stud: Architectures of Masculinity*, Princeton Architectural Press, Nueva York, 1996, pp. 28-41.

sustitución en las que producir un nuevo tipo de subjetividad masculina basada en formas de relación y de sociedad alternativas al modelo tradicional americano. El punto climático de este programa de recolonización del interior será el reportaje sobre «el apartamento penthouse del playboy» publicado en septiembre y octubre de 1956.

Las acuarelas en color del ático urbano para soltero se inspiran en el apartamento de recién divorciado de Victor A. Lownes, uno de los socios de Hefner, que había abandonado su vida familiar para escapar de lo que definía, anticipando el lenguaje del feminismo que Betty Friedan utilizará para caracterizar la situación de las mujeres en la casa suburbana, como «la prisión del matrimonio y del césped verde de las áreas suburbanas». Hefner explica el abandono de Victor A. Lownes de la casa familiar como un proceso de liberación sexual masculina que adquiriría después la forma de una pandemia a la que podríamos identificar con el lema «salió a comprar tabaco y no volvió»:

> Poseía todo lo que un hombre puede desear: una esposa bella y cariñosa, dos hijos magníficos, una casa espléndida y un buen trabajo. El único problema era que se aburría como una ostra. Odiaba el club de tenis, la interminable noria de cócteles y barbacoas, las banalidades y la autocomplaciente respetabilidad de la vida de ensueño de la clase media americana. Confesaba, pesaroso, que lo único que lograba animarlo era la perspectiva de tener encuentros sexuales extraconyugales. Un día, en 1953, sencillamente salió por la puerta y nunca regresó.[26]

26. Victor A. Lownes, citado en Russell Miller, *Bunny, op. cit.*, p. 62.

Lownes se instaló después en un apartamento de una única habitación en la ciudad, en el que el dormitorio, situado en un rincón de la casa, era un simple espacio dividido por una cortina. *Playboy* definía con una sola frase un espacio que ya se dibujaba con los trazos de la futura pornotopía: «era como tener una sala de fiestas en tu propia casa».

La nueva identidad masculina del recién divorciado encarnada por Lownes no se caracterizaba por rasgos psicológicos peculiares, sino por su hábitat: el estudio urbano en el que el playboy-en-devenir debía encerrarse para encontrar su libertad. Sin embargo este encierro entre objetos de diseño será un proceso paradójico en el que el recién divorciado se juega su autonomía y su masculinidad. Por una parte, sólo en la cautividad de su apartamento el playboy llegará a sentirse libre. Por otra, sólo a través de un ejercicio de reapropiación del espacio doméstico y decoración interior, prácticas tradicionalmente asociadas a la feminidad, el recién divorciado puede convertirse en playboy. En este sentido, el playboy se sitúa en el umbral de la feminidad, masculinizando prácticas (consumo y domesticidad) hasta entonces minusvaloradas en la economía de la producción que caracteriza al varón. De ahí la importancia de la asociación visual y discursiva entre el interior doméstico y las chicas desnudas: el erotismo heterosexual aseguraba que *Playboy* no era simplemente una revista femenina u homosexual.

El movimiento del playboy hacia el hogar y el relativo abandono del exterior no supone, sin embargo, una retirada de la esfera pública, sino que más bien coincide con un proceso de politización y mercantilización de la vida privada que se lleva a cabo durante la posguerra.[27] El estraté-

27. Véase Arlie Russell Hochschild, *La mercantilización de la vida íntima*, Katz Editores, Buenos Aires/Madrid, 2008.

gico desplazamiento de *Playboy* hacia el interior podría entenderse como parte de un proceso más amplio de extensión del ámbito del mercado, de la información y de lo político hacia el interior doméstico. El ático de soltero, lleno de «cosas que vienen en estuches de cuero: binoculares, estéreo, cámaras réflex, radios portátiles y pistolas»,[28] no es tan sólo un refugio aislado del mundo exterior diseñado para el divertimento sexual. Se trata, en realidad, de una estación de vigilancia, un centro de gestión de información en el que se procesan y se producen ficciones mediáticas de lo público. El placer, ya lo veremos, no será sino uno de los efectos colaterales del tráfico continuo de información e imágenes.

Por otra parte, ante el temor de contaminación homosexual, *Playboy* lucha por definir su movimiento hacia el interior como un proceso de masculinización de lo doméstico en lugar de como una simple feminización del soltero urbanita. *Playboy* entiende la reorganización de los códigos de género y de la sexualidad como una batalla semiótica y estética que se libra a través de la información, de la arquitectura y de los objetos de consumo. La masculinidad del playboy se construye mediante un cuidado ejercicio de teatralización en el que las técnicas de puesta en escena y los elementos del decorado son tan importantes como la psicología interior. *Playboy* rechaza la visión naturalista de la masculinidad y aboga por una masculinidad construida, efecto de un conjunto de tecnologías de la imagen y de la información. De todas las ficciones que acompañan al habitante del ático urbano la que mejor se corresponde con la identidad artificial del playboy es la del espía. El ático es el centro de operaciones que permite

28. *Playboy*, septiembre de 1956.

el desplazamiento desde el soldado/marido hacia el espía/amante. Mientras el soldado, valiente y luchador, corporal y primario, era la figura masculina central de los años de la Segunda Guerra Mundial, el espía (encarnado en la figura literaria y cinematográfica de James Bond),[29] artificial, impenetrable, doble, seductor, camaleónico y sofisticado, aparece como la nueva figura política de los años de la guerra fría.

El ático de soltero es un observatorio seguro y camuflado en el que el playboy se pone al abrigo del exterior atómico de la posguerra, suplementando su cuerpo vulnerable con un conjunto de mercancías y de técnicas de comunicación que funcionan como auténticas prótesis recubiertas de piel («vienen en estuches de cuero») y que lo conectan constantemente al flujo vital de información. En el cascarón de su estudio privado, más o menos a salvo de las amenazas de la guerra, aunque aún equipado con las armas de la última batalla, el nuevo playboy puede dedicarse finalmente a los placeres elementales (aunque hasta entonces casi inalcanzables) del sexo y el consumo. El habitante del ático Playboy es una versión erotizada y mercantil del hombre ultraconectado de McLuhan.

Más allá de proponer un refugio para el exhausto recién divorciado, el reportaje sobre el ático urbano da la vuelta como a un guante a la conocida petición de Virginia Woolf de «a room for her own» en la que la independencia de las mujeres se asocia con la autonomía habitacional y exige la recuperación del espacio doméstico para los hombres, un enclave que, según *Playboy*, ha sido histó-

---

29. La relación entre el espía y el playboy quedará definitivamente sellada cuando en *Diamonds Are for Ever* descubramos que el agente 007 tiene un carnet de miembro del club Playboy.

ricamente dominado por las mujeres. Con la pedagógica asistencia de la revista *Playboy*, el nuevo soltero aprenderá a reconquistar el espacio que le ha sido «expropiado por las mujeres» a través de una ideología moral que pretendía establecer una ecuación natural entre feminidad, matrimonio y familia. El editorial de *Playboy* explica:

> El hombre pide a gritos *un alojamiento propio*. No sueña con un rincón donde colgar el sombrero, sino con su propio espacio, con un lugar que sepa que le pertenece... *Playboy* ha diseñado, proyectado y decorado, de los zócalos al techo, el ático ideal para el soltero urbanita, ese hombre que sabe vivir bien, es un sofisticado conocedor de lo mejor tanto en el arte como en la comida y la bebida, y sabe rodearse de afables compañeros de los dos sexos.[30]

El artículo dedicado al dormitorio y el cuarto de baño en la entrega de la revista de octubre de 1956 añade: «La casa de un hombre es su castillo, o lo debería ser, la expresión externa de su ser interior –una expresión confortable, viva y excitante del tipo de persona que es y de la vida que lleva–. Pero la abrumadora mayoría de los hogares son decorados por las mujeres. ¿Dónde queda el soltero y su necesidad de tener un lugar que pueda llamar propio?»[31] Al poner en cuestión la relación política establecida históricamente entre espacio doméstico y feminidad, *Playboy* inicia un ejercicio de desnaturalización de la domesticidad paralelo, aunque en cierto sentido opuesto, al que el feminismo pone en marcha en los mismos años. Intercambian-

30. *Playboy*, septiembre de 1956, p. 54.
31. *Playboy*, octubre de 1956, p. 65.

do las oposiciones de género de la sociedad americana de posguerra, este retorno al ámbito del hogar se traducirá en un aparente rechazo del espacio público, tradicionalmente un territorio reservado a los hombres: «No pretendemos resolver los problemas del mundo», declaraba el primer editorial de *Playboy*, «ni propugnar grandes verdades morales. Si somos capaces de dar al hombre americano unas carcajadas extra y distraerle de la ansiedad de la era atómica, veremos nuestra existencia más que justificada.»[32]

La tracción de *Playboy* hacia el espacio interior puede ser leída como un intento de resignificar un dominio tradicionalmente entendido como «femenino» y «privado», precisamente en un momento en el que las mujeres han ganado acceso al espacio público y profesional. *Playboy* despliega una suerte de masculinismo que se opone al mismo tiempo a los valores dominantes de la familia heterosexual y de la masculinidad heroica, y a la crítica de la dominación masculina y de las instituciones heterosexuales que ya comienza a articularse en los incipientes movimientos feministas y homosexuales.

La Segunda Guerra Mundial había transformado radicalmente el terreno del debate feminista en Estados Unidos. El llamado «feminismo de la primera ola», que había centrado sus reivindicaciones en la igualdad de voto, no había contestado la separación sexual de esferas, entendiendo todavía la feminidad como naturalmente conectada al espacio doméstico y a las tareas de reproducción. En el ámbito teórico, la obra pionera de la antropóloga Margaret Mead había elaborado por primera vez en 1935 una distinción entre sexo biológico y comporta-

32. *Playboy*, diciembre de 1953, p. 1.

miento social (algo que luego vendría a llamarse género), pero había seguido asociando la domesticidad a las tareas maternas de la reproducción.[33] Simone de Beauvoir había articulado en 1949 la primera crítica política de la feminidad definida no como esencia biológica sino como producto de la opresión social que pesa sobre el cuerpo de las mujeres y su capacidad reproductiva.[34] Su crítica de la institución matrimonial, su práctica bisexual y su rechazo del domicilio conyugal en beneficio de la habitación individual de hotel habían hecho de De Beauvoir un modelo de feminista antidoméstica. Sin embargo, la crítica más explícita del régimen doméstico suburbano vendrá de la obra de la americana Betty Friedan, en torno a la que se establecerá el movimiento feminista National Organization for Women.[35]

La obra de Friedan es una reacción frente al endurecimiento de las normas de género y de la segregación espacial de la ciudad suburbana: el fin de la Segunda Guerra Mundial había puesto en cuestión el proceso de ampliación de la esfera pública que se había iniciado en los años veinte. A mediados de los cincuenta, había disminuido dramáticamente la proporción de mujeres que accedían a la educación universitaria, y el matrimonio y la reproducción aparecían como las formas naturales de la realización femenina. *La mística de la feminidad* podría definirse como el manifiesto de la «esposa suburbana» que lucha por liberarse del régimen de encierro de la casa unifamiliar que caracte-

33. Margaret Mead, *Sexo y temperamento en tres sociedades primitivas* (1935), Paidós, Barcelona, 2006.
34. Simone de Beauvoir, *El segundo sexo* (1949), Cátedra, Madrid, 2005.
35. Betty Friedan, *La mística de la feminidad* (1963), Júcar, Madrid, 1974.

riza a la sociedad norteamericana durante la guerra fría. Friedan fue una de las primeras en entender que el paraíso doméstico funcionaba como una arquitectura penitenciaria en la que las mujeres eran encerradas de por vida y mantenidas a distancia de la esfera política, del trabajo remunerado y de los ámbitos de la cultura y de la producción de comunicación social. Este análisis político la lleva a denunciar la casa unifamiliar como «un confortable campo de concentración suburbano para las mujeres».[36] Por ello, el objetivo de Friedan, como ya lo había sido de Virginia Woolf, era destruir la figura mítica tradicional del «ama de casa» y el «ángel del hogar», reclamando la salida de la mujer del espacio doméstico y su entrada, en pie de igualdad, en los ámbitos de la vida pública y del trabajo remunerado, pero sin abandonar las convenciones del matrimonio heterosexual y de la familia.

A pesar de sus diferencias internas, la crítica feminista de Friedan a la casa unifamiliar y la defensa de *Playboy* del derecho de los hombres a un espacio doméstico urbano libre de las ataduras de la moral matrimonial son dos de los contradiscursos más relevantes en oposición a las divisiones de género del régimen de la guerra fría. Buscando un espacio propio en un mosaico político articulado por posiciones enfrentadas, *Playboy* desarrolla un discurso masculino, adolescente, heterosexual y consumista, para mantener una distancia estratégica tanto con respecto a la estricta moral sexual de la casa suburbana y sus distinciones de género, como con respecto a la defensa feminista de la expansión de las mujeres al espacio público.

En un contexto social conservador y en un clima geopolítico marcado por el peligro de una guerra nuclear,

36. Betty Friedan, *La mística de la feminidad, op. cit.*, capítulo 12.

por la represión brutal de los intentos de autodetermina-
ción de los pueblos colonizados y la guerra de Vietnam,
comienzan a abrirse paso movimientos de contestación que
elaboran nuevos conceptos críticos y utilizan nuevas técnicas de ocupación del espacio público para hacer visibles
sus demandas políticas. Se estructuran primero los movimientos por los derechos civiles de los negros en Estados
Unidos, que progresivamente adquieren la igualdad legal.
En los años sesenta, se forma la primera movilización pa-
cifista ciudadana contra la guerra de Vietnam en Estados
Unidos. Adoptando modos de acción y de toma de conciencia semejantes a estas luchas políticas, surgirán después
los movimientos feministas, de liberación homosexual y
poscoloniales.

Retrospectivamente, *Playboy* busca situarse dentro de
estos movimientos de contestación, como un discurso disidente frente al lenguaje blanco heterosexual y colonial dominante durante los años cincuenta en Estados Unidos, representado por el macarthismo. Hefner no duda en definir
hoy el trabajo de *Playboy* como «una avanzadilla de la revolución sexual» con un impacto comparable al de los movimientos feministas, antirracistas y de descolonización.[37]
Sin embargo, será más prudente entender el discurso de
Playboy como la punta de lanza de una mutación en curso
en los lenguajes dominantes que llevaría desde los regímenes disciplinarios típicos del siglo XIX (de los que el macarthismo era una manifestación extrema) hasta las formas de
control y producción capitalistas flexibles que caracterizarán el final del siglo XX y el principio del siglo XXI y que
conducirán a la consolidación de nuevas identidades sexua-

37. Véase la entrevista con Hugh Hefner en la revista digital Salon.
com, *op. cit.*

50

les, nuevas formas de masculinidad y feminidad, capaces de funcionar como nuevos centros de consumo y producción farmacopornográficos.

Espacio soltero

¿Debemos entender esta retirada del playboy del mundo exterior como un rechazo genuino del espacio público? ¿Cabe interpretar este retorno del soltero al espacio doméstico como un síntoma de «feminización»?[38] ¿O se trata más bien de una respuesta estratégica al movimiento de las mujeres hacia el espacio público que corresponde al periodo de la posguerra y a la emergencia del feminismo en América? ¿Cuáles son los límites de esta «reversibilidad de género» del playboy?

Aunque este movimiento de *Playboy* hacia el interior contribuye a la deconstrucción de los límites que renaturalizan el espacio interior como femenino y el espacio exterior como masculino, y por lo tanto aparecía como futurista y revolucionario, los ideales de *Playboy* sirvieron para apuntalar una distribución premoderna de los espacios de género. En primer lugar, *Playboy* aspiraba a una redefinición de la masculinidad heterosexual que vendría a poner en cuestión la moral sexual victoriana y los códigos burgueses de las instituciones tradicionales del matrimonio y la familia. La masculinidad de *Playboy* no es simplemente

38. El artículo «The Womanization of America», de Philip Wylie, fue una reacción crítica ante el auge del movimiento feminista en Estados Unidos que se convirtió en una de las referencias constantes de *Playboy*. Véase *Playboy*, septiembre de 1958, y el comentario sobre el artículo de Elizabeth Fraterrigo «The Answer to Suburbia: Playboy's Urban Lifestyle», *Journal of Urban History*, vol. 34, n.º 5, 2008, pp. 747-774.

heterosexual, en el sentido médico y cultural que este término adquiere a partir de finales del siglo XVIII. La desconfianza frente al régimen moral heterosexual monógamo de la casa suburbana llevará a Hefner a declarar en 1962: «Votamos a favor de una sexualidad heterosexual hasta que se presente algo mejor.»[39] Hefner, que era lector asiduo de Alfred Kinsey, introduce un ideal de salud psicosocial en el discurso popular sobre la sexualidad y opone la «heterosexualidad sana» a lo que el discurso de *Playboy* denomina «pornografía pía»: el sexo «enfermo» y «perverso» de las «esposas vírgenes», de los «celos», de la «pedofilia» y de la «homosexualidad».[40] *Playboy* diferencia entre la «heterosexualidad sana» y la rígida división de espacios sexuales promovida por la moral de los años cincuenta que, según la revista, incita a la homosexualidad: «beber cerveza o ir de caza entre hombres dejando a las mujeres en casa», según la revista, «era, desde un punto de vista freudiano, totalmente homosexual».[41] Esta psicología-pop de *Playboy* dibujaba un nuevo espectro de sexualidades normales y desviadas en el que tanto el matrimonio heterosexual monógamo como la homosexualidad ocupaban posiciones perversas. Frente a ambas, la heterosexualidad libertina y polígama de *Playboy*, «limpia», «sana» y «racional», se alzaba como un nuevo modelo de salud psicosocial: mientras que la represión y la culpa estaban de lado del matrimonio monógamo y de la homosexualidad, la libertad y la diversión caracterizaban la nueva práctica de la heterosexualidad sana.

39. Hugh Hefner, citado en Hal Higdon, «Playboying around the Clock with Hugh Hefner», *Climax*, febrero de 1962.
40. Steven Watts, *Mr Playboy, op. cit.*, pp. 111-112.
41. *Ibid.*, p. 112.

En cierto sentido, y aunque el discurso de *Playboy* parecía estructurarse en radical oposición a la masculinidad tradicional, la identidad del nuevo soltero, el lector «urbano, despreocupado y sofisticado», dependía también de un ideal nostálgico.[42] De hecho, el primer nombre que Hefner dio a la revista *Playboy* fue *Stag Party Magazine* (literalmente «fiesta de ciervos», donde el ciervo corresponde a una imagen del hombre solterón recalcitrante), en referencia a los grupos de hombres que se reunían en espacios domésticos y privados para visionar las primeras películas porno americanas conocidas como *Stag films*.[43] Aquello no era un golpe de márketing, sino que se trataba de un apunte autobiográfico: en 1952, mucho antes de divorciarse de su primera esposa Millie, Hefner había comenzado a utilizar su propio apartamento de Hyde Park para hacer pequeñas fiestas de intercambio de parejas, había transformado su cuarto de estar en sala de proyección de películas pornográficas para sus amigos y había grabado su primera película porno, *After the Masquerade*, en la que él mismo, con el rostro tapado por una máscara, era el actor porno protagonista.[44]

Las películas *stag*, producidas por hombres y dirigidas a un público exclusivamente masculino, inventan la gramática de la pornografía cinematográfica moderna. A diferencia de los filmes sonoros y en color de finales de la década de los sesenta, programados en salas de cine, aque-

---

42. *Playboy*, septiembre de 1956, pp. 54-58.

43. «*Stag Party* iba a ser una revista destinada al hombre joven, urbanita y brillante interesado en las chicas, la diversión, la buena vida: el "equivalente contemporáneo" –según Hefner– del vino, mujeres y canciones, aunque no necesariamente en ese orden», Russell Miller, *Bunny, op. cit.*, p. 37.

44. Steven Watts, *Mr Playboy, op. cit.*, pp. 59-60.

llas cintas mudas filmadas en blanco y negro y de corta duración (una bobina) se proyectaban en privado, en un ambiente que contribuía a reforzar los vínculos y la camaradería masculinos.[45] Lo que resultaba determinante en las películas *stag* eran sus condiciones materiales de producción y de recepción. La estructura homoerótica de las sesiones de visionado de *stag films* ponía de manifiesto, como *Playboy* subrayaría después en sus artículos, no sólo que los hombres heterosexuales no necesitaban a las mujeres para pasarlo bien, sino, incluso, que lo pasaban mejor sin ellas. Un placer aún más intenso que el placer sexual, basado en la exclusión de las mujeres y en el consumo homoerótico de sus imágenes, parecía definir la economía visual de la pornografía: un placer de género, derivado de la producción de la masculinidad. Reclamando una filiación a través del nombre «*stag party*» con las fiestas de proyección de películas pornográficas, Hefner situaba a la revista en esta tradición de voyeurismo masculinista.

El placer masculino de mirar sin ser visto dominaba los códigos visuales en los reportajes fotográficos de *Playboy:* las imágenes situaban al lector en la posición del voyeur que, a través de una mirilla, una rendija o una ventana, lograba acceder a un espacio hasta entonces privado. La cuarta pared del espacio doméstico había sido abatida y en su lugar se había situado una cámara. La revista proporcionaba al ojo colectivo masculino acceso visual a la intimidad femenina cuidadosamente coreografiada. Las fotografías mostraban mujeres que, sin ser conscientes de ser

45. Véase Al Di Lauro y Gerald Rabkin, *Dirty Movies: An Illustrated History of the Stag Films, 1915-1970,* Chelsea House, Nueva York, 1976, y Linda Williams, *Hardcore: Power, Pleasure, and the «Frenzy of the Visible»,* California University Press, Berkeley, 1989.

observadas, llevaban a cabo acciones cotidianas: salían de la ducha pisando patitos de goma, se maquillaban frente a un espejo olvidando subirse la cremallera del vestido, colgaban bolas en el árbol de Navidad sin darse cuenta de que su falda había quedado enganchada en la escalera dejando sus muslos al descubierto, metían pavos en el horno mostrando un descarado escote y haciendo que sus collares estuvieran a punto de hundirse en la salsa, colgaban cuadros golpeándose el dedo con el martillo... La sencillez de sus acciones, el gesto inconsciente e infantil de sus rostros eran directamente proporcionales a la estupidez contenida en la mirada masculina, al resorte bobalicón y naíf en el que se apoyaba el mecanismo visual masturbatorio de *Playboy*. No había ninguna amenaza, ningún riesgo. El dispositivo masturbatorio era repetido una y otra vez como un ritual que venía a calmar las ansiedades masculinas frente a la transformación social. La necesidad de asegurar el mecanismo masturbador y de evitar el deseo homosexual hacía que la mirada siempre fuera unidireccional. Nunca había hombres acompañando a las mujeres representadas. Se establece así una rigurosa segmentación entre sujeto y objeto de la mirada. El voyeur sólo podía ser masculino, el objeto de placer visual sólo podía ser femenino. Esta estructura voyeurista del campo visual se materializará después a través de los dispositivos de vigilancia y transmisión audiovisual diseminados dentro de las estancias de la Mansión Playboy destinados a la filmación y la proyección de películas. Proyectando un paraíso retro en el futuro en el que el hombre heterosexual accede a la visión pública de lo privado, *Playboy* logrará reproducir virtualmente lo que podríamos llamar un «espacio *stag*», el habitáculo del nuevo soltero.

La ambigüedad con respecto a la domesticidad y a la reversibilidad de las lógicas espaciales de género, latente después en el ático urbano, se manifestaba ya abiertamente en la producción del logo de *Playboy* como resultado de una metamorfosis semántica y visual del *«stag»*/ciervo en *«bunny»*/conejito. En 1953, pocos meses antes del lanzamiento de la revista *Playboy*, Hefner escogió una mascota (que recordaba a «Esky», el muñequito de plastilina de la revista *Esquire)* para representar su publicación. El primer diseño, hecho por Arv Miller, era un ciervo, vestido con batín y zapatillas de estar en casa, fumando una pipa. El dibujo no sólo jugaba con el doble sentido de la palabra *«stag»*, al mismo tiempo «ciervo macho» y «hombre que acude solo o sin compañía femenina a las fiestas y consumidor de películas *stag»*, sino que además transfería el batín y las zapatillas de estar en casa de Hefner al ciervo, dando un toque inesperadamente doméstico a un animal salvaje. Testigo de las oposiciones internas de *Playboy*, la mascota expresaba la tensión entre cazador y animal cazado, entre caza exterior y caza doméstica, entre salvaje y domesticado. Pero cuando estaba a punto de registrar oficialmente «Stag Party Magazine» como nombre para su futura revista, Hefner descubrió que el «ciervo» era el nombre y el logo (esta vez sin pipa, batín y zapatillas) de una publicación americana dedicada (¡obviamente!) a la caza y la pesca. Tras una reunión de trabajo, su amigo Eldon Sellers sugirió el nombre de *Playboy*, posiblemente en referencia al por entonces poco conocido automóvil diseñado por la compañía de automóviles Playboy de Buffalo, Nueva York, donde la madre de Sellers había trabajado como secretaria.[46]

Hefner quedó fascinado con la idea, pero insistió en conservar la imagen de caza, por lo que propuso una ligera modificación en el dibujo de Miller para diseñar el logo de

46. Steven Watts, *Mr Playboy, op. cit.*, p. 64.

la compañía: en lugar del ciervo, la mascota sería un «conejo apuesto, juguetón y sexy vestido de esmoquin».[47] Cuando Art Paul acabó de diseñar la nueva imagen, el venado se había convertido en el «conejito Playboy»: un animal infantil y sin compromiso dedicado a cazar hembras sin salir de su casa. Los desplazamientos semánticos que llevan desde el *«stag»* (ciervo) al *«bunny»* (conejito) contienen una teoría del poder y de la subjetivación como respuesta a las transformaciones culturales que se están produciendo durante los años cincuenta. La subjetividad masculina «ciervo», adulta, seria, ruda y salvaje, ha sido desplazada en beneficio de una subjetividad «conejo», adolescente, rápida, saltarina y doméstica. Las formas de poder y los modos de relación están mutando desde la «caza mayor» hasta la «menor»: si la subjetividad ciervo era protestante, austera y moralista y aspiraba a hacerse con una sola gran pieza como trofeo (la esposa para toda la vida), la subjetividad conejo es totémica, politeísta y amoral y disfruta no tanto con la captura sino más bien con el juego con una gran variedad de piezas (varios ligues sexuales, efímeros y sin consecuencias). Además, mientras que la subjetividad ciervo era masculina por naturaleza, la subjetividad conejo oscila inevitablemente entre la ambigüedad que la polisemia de la palabra *«bunny»* abre en inglés: conejo y nena. Por eso, no es extraño que el conejo de *Playboy* se transforme, en el número de enero de 1954, en *«Playmate»*, convirtiéndose en una mujer-coneja.

Finalmente, el logo en blanco y negro hoy mundialmente conocido será creado por Art Paul en 1956 para su utilización en objetos accesorios, como gemelos, pendientes, brazaletes, alfileres de corbata y camisas. Después de la re-

47. Russell Miller, *Bunny, op. cit.*, p. 44.

construcción de la Mansión en 1960, este logo será utilizado en lugar de la dirección de la casa en los sobres de *Playboy*, asumiendo además la función de indicador topográfico.

Conejo juega

Entre 1953 y 1963, mediante la revista y la construcción de la Mansión, *Playboy* elabora una economía espacial articulada en torno a las oposiciones binarias que dominan el paisaje político de la sociedad de posguerra: interior/exterior, privado/público, trabajo/ocio, vestido/desnudo, uno/múltiple, seco/húmedo, humano/animal, controlado/relajado, fidelidad/promiscuidad, vertical/horizontal, blanco/negro, familia/extraño. Otras revistas norteamericanas de la época trabajaban dentro de este cuadro de binarismos, pero no articulaban las oposiciones del mismo modo que *Playboy*. *Esquire*, la publicación más importante de los años treinta-cuarenta, dirigida a un público masculino, defendía una figura ejemplar de hombre americano exterior, público, volcado en el trabajo, humano, vestido, seco, controlado, fiel, blanco y vertical. De estos valores dependían la unidad familiar y nacional. En el extremo opuesto, las revistas *Sunshine and Health* y *Modern Sunbath* se dedicaban exclusivamente a la publicación de desnudos femeninos: eran revistas de ocio, que promovían valores mojados, horizontales, relajados y promiscuos. Entre ambos extremos, *Playboy* va a situarse como un dispositivo de conversión que permite pasar constantemente de un polo a otro. Reacio a posicionarse ante las disyuntivas morales, el playboy se configura como un sujeto liminar que en última instancia aspira sólo a «jugar» *(to play)*. El «juego» quedará reflejado no sólo en el nombre de la revista, sino, y sobre todo, en la utilización de lo que podríamos denominar *dispositivos giratorios* destinados a operar la conversión de los polos opuestos y que, a menudo, *Playboy* alaba por sus cualidades de flexibilidad, reversibilidad y circularidad: sofás reclinables, cámaras ocultas, cristales que por un lado son espejo y por el otro son transparentes, pasadizos, camas giratorias, trampillas, dobles fondos...

Dos elementos caracterizaban el juego de estos dispositivos y su funcionamiento reversible. En primer lugar, el actor (es decir, el único autorizado a jugar) es el lector-cliente (y posteriormente el espectador televisivo) masculino: él es el auténtico destinatario de la retórica de la seducción y capaz de operar el paso de un extremo a otro de la oposición. En segundo lugar, la conversión de los opuestos produce placer y capital. Lo que genera placer es el paso incesante de uno a otro de los polos opuestos, la transformación de lo privado en público opera como un mecanismo de excitación sexual. Éste es el juego que da nombre a la revista.

¿Pero quién es este jugador capaz de balancearse alegremente entre los extremos de oposiciones políticas que hasta entonces habían sido cruciales para la definición de la masculinidad blanca de clase media? El playboy, atleta de interior y malabarista de tensiones morales, es una variante de la nueva figura del consumidor apolítico creada por la sociedad de la abundancia y de la comunicación de la posguerra: el *teenager*. El economista Eugene Gilbert acuñó la noción «*teen-ager*» en los años cuarenta para describir un nuevo segmento demográfico del mercado de consumo: lo importante del adolescente no es su edad sino su capacidad de consumir sin restricciones morales.[48] En 1942, el soció-

---

48. Eugene Gilbert, *Advertising and Marketing to Young People*, Printers' Ink Books, Pleasantville, Nueva York, 1957.

logo Talcott Parsons inventó el término «cultura juvenil» para indicar un conjunto de nuevas prácticas sociales características de estos adolescentes consumidores de música, alcohol, drogas, que escapaban durante unos años a las restricciones de la moral suburbana de la familia y el trabajo.[49] La explosión de la natalidad de la posguerra había formado un bloque de 10 millones de jóvenes consumidores que, gracias a la educación y a la prosperidad económica de las clases medias americanas, se perfilaba como un objetivo mercantil sin precedentes. El chico adolescente blanco y heterosexual era el centro de un nuevo mercado cultural organizado en torno a las prácticas de la vida universitaria, el jazz y el rock and roll, el cine, los deportes, los coches y las chicas. Libre aún de las ataduras del matrimonio, dotado de un poder de adquisición y por primera vez dueño de su cuerpo (no reclamado todavía por el Estado para nuevas guerras), el *teenager* es el consumidor ideal de la nueva imagen pornográfica y del nuevo discurso sobre la masculinidad urbana desplegado por la revista:[50] «*Playboy* tiene un brillo profesional y una fórmula dirigida a hombres adolescentes de todas las edades.»[51] Mientras los adolescentes de las clases bajas o afroamericanas, privados de poder adquisitivo, serán representados como criminales en potencia, el *teenager* blanco de clase media (¡de cualquier edad!) podrá aspirar a convertirse en un auténtico playboy.

49. Talcott Parsons, «Age and Sex in the Social Structure of the United States» (1942), en P. Manning y M. Truzzi (eds.), *Youth & Sociology*, Prentice Hall, Nueva Jersey, 1972, pp. 136-147.

50. Durante los años cincuenta y sesenta, el 25 % de los compradores de *Playboy* son adolescentes, especialmente de las clases medias, residentes en «colleges» y campus universitarios.

51. Citado en *Playboy. 50s Under the Covers, op. cit.*

3. INTIMIDAD DESPLEGABLE: LA INVENCIÓN DE LA «GIRL NEXT DOOR»

El discurso contra la familia y el matrimonio construido por *Playboy*, al que había que sumar la descripción del nuevo soltero como un ser urbano, ligero, flexible y constructor de un nuevo tipo de domesticidad, parecía amenazar seriamente no sólo el estatus de la mujer como esposa, madre y encargada del hogar, sino también la imagen del soltero como hombre heterosexual. El espacio del conejo playboy no podía funcionar sin la invención de un prototipo femenino complementario. Pero ¿qué tipo de mujer habitaría un espacio posdoméstico?

En el editorial de noviembre de 1953 de *Playboy*, Hefner declara: «Queremos dejar bien claro desde el comienzo que no somos una revista para la familia. Si es usted la hermana de alguien o su esposa o suegra, le rogamos que nos ponga en manos del hombre de su vida y vuelva a la lectura de *Ladies Home Companion*.»[52] Las afirmaciones de *Playboy*

---

52. *Playboy*, noviembre de 1956, p. 2. La referencia al *Ladies Home Companion*, una de las revistas femeninas más importantes de la época, no era casual, puesto que tanto *Playboy* como su predecesora, *Esquire*, se habían modelizado a partir de las revistas femeninas dedicadas a la educación de la consumidora, al diseño y al espacio interior.

causaron un considerable revuelo entre las lectoras estadounidenses de clase media. En su entrega de enero de 1959, *Playboy* publicó la carta de protesta de la señora Rose Marie Shelley, de Emporia, Kansas, defensora a ultranza de los valores conyugales victorianos: «Una mujer que acepta que su esposo ceda al atractivo de otras mujeres se convierte, en realidad, ni más ni menos que en su puta legal; sin duda no en una mujer o esposa de verdad, y mucho menos en una madre digna de tal nombre. La nación no necesita más "mujeres comprensivas", sino más hombres y mujeres capaces de formular los votos matrimoniales el día de su boda y respetarlos a pies juntillas, y sin excepciones... ¿Desde cuándo es "prerrogativa" del hombre practicar el libertinaje, la seducción, el adulterio, etc.? ¿Cómo exigir de las mujeres que consideren a los hombres superiores, si los hombres se muestran desprovistos de carácter y conciencia? ¡Vuestros playboys tendrán que ganarse el respeto de las mujeres antes de que podáis imponer vuestra supremacía masculina! ¡Y mostradme a una sola mujer que piense de otro modo!»[53]

La estrategia retórica de *Playboy* consistía en invertir la lógica misma de la complementariedad de género imperante en la narrativa del sueño americano, según la cual el amor heterosexual y conyugal era el fruto de una mujer encargada del hogar y un hombre que se enfrenta a los problemas del mundo exterior. Juntos formaban la unidad reproductora y consumidora de la que dependía el crecimiento económico de la nación americana después de la guerra. Frente al mito romántico de la «pareja (heterosexual) enamorada», proponía una redefinición de la masculinidad basada en el consumo, la vida urbana y la maximización de sus encuentros heterosexuales.

53. *Playboy*, enero de 1959, p. 7.

El éxito sexual del playboy y su conquista del espacio hogareño dependían de su capacidad para excluir de su nuevo ámbito posdoméstico tres formas de feminidad que habían dominado hasta entonces el espacio interior: la madre, la esposa y el ama de casa. Pero, a diferencia de lo expresado por la lectora de Kansas, la estrategia de *Playboy* no era transformar a la madre y ama de casa en «puta legal», sino modelar una compañera ideal para el joven conejo que no supusiera una amenaza para su autonomía sexual y doméstica. En realidad, la definición de la *playmate* no era sexual, sino geográfica. Situada en el umbral del apartamento del soltero, al mismo tiempo al alcance de su mano, pero ajena a su propio entorno doméstico, la «vecina de al lado» estaba destinada a convertirse en materia bruta para la fabricación de la compañera ideal. Finalmente, para un soltero que no salía de su apartamento, la mejor presa sexual no podía ser otra que la chica de al lado.

Hefner, hábil reescritor de la historia, no dudará, años después, en describir la concepción de la *playmate* como la creación de una nueva subjetividad política cuya envergadura es comparable a la nueva mujer propuesta por el movimiento feminista: «La *Playmate* del mes era una declaración política. *Playboy* se proponía hacer realidad un sueño americano, inspirado en las ilustraciones y fotografías en los calendarios de los años treinta y cuarenta: la intención era transformar a la chica que vivía justo al lado en un símbolo sexual. Y esto significaba que había que cambiar muchas cosas respecto al tema de la sexualidad femenina para comprender que hasta a las chicas bien les gustaba el sexo. Era un mensaje muy importante, tan importante como todas las luchas feministas.»[54]

54. Hugh Hefner, citado en Gretchen Edgren, *Playboy, 40 ans*, trad. Jacques Collin, Hors Collection, París, 1996, p. 7.

Si el playboy es la figura masculina central en este teatro posdoméstico, su compañera, la *playmate*, es un agente anónimo de resexualización de la vida cotidiana. Hefner llamó «el efecto de la chica de al lado» a esta campaña de resexualización del vecindario:[55] «Suponíamos que era natural que las bellísimas *playmates* se desenvolvieran en un plano aparte. En realidad, estamos rodeados de *playmates* potenciales: la nueva secretaria de la oficina, la bella con ojos de conejita que ayer se sentó a comer justo enfrente, la encargada de la tienda favorita donde compramos nuestras camisas y corbatas. A Miss Julio la descubrimos en nuestro departamento de ventas.»

Playboy inventó la *Playmate* en la segunda entrega de la revista en 1953, aunque el modelo visual y discursivo no se estableció definitivamente hasta la publicación del desplegable de «Janet Pilgrim» en julio de 1955. El número presentaba a Pilgrim como una secretaria eficiente del departamento de suscripciones de la propia revista. «Janet tiene 21 años y nació un 13 de junio [...] nunca ha sido modelo profesional, pero ha aceptado posar desnuda simplemente para divertirse [...]. Aceptará volver a posar porque sabe que eso aumentará las suscripciones de diciembre.»[56] En realidad Pilgrim (Charlaine Karalus) no era sólo la secretaria. Era también la amante de Hefner y había aceptado posar, recuerda el propio Hefner, a cambio de que «el jefe comprara una máquina de imprimir direcciones automática para aligerar sus tareas».[57] De nuevo, la distancia entre trabajo y sexo, entre público y privado,

55. Russell Miller, *Bunny, op. cit.*, p. 56.
56. *Playboy*, diciembre de 1955, p. 30.
57. Citado en Hugh M. Hefner (ed.), *The Twelfth Anniversary Playboy Cartoon Album*, Playboy Press, Chicago, 1965, p. 22.

se desdibuja. *Playboy* inicia de este modo una de las prácticas laborales que acabarían convirtiéndose en habituales en el neoliberalismo de finales del siglo XX. Por decirlo con Christian Marazzi, *Playboy* hace entrar de lleno lo que hasta entonces se consideraba vida privada (el espacio doméstico, el cuerpo y la comunicación) en el proceso productivo y laboral.[58] La transformación de secretaria y amante en «chica del mes» y la publicación de su vida privada es en realidad un proceso de capitalización y privatización de la vida característico de las mutaciones de los procesos productivos en el posfordismo. La «chica de al lado» es a la economía farmacopornográfica de posguerra lo que el automóvil había sido para el fordismo: el producto serial de un proceso de producción de capital.

Pilgrim, auténtica precursora de futuras *famosas-desconocidas* de la era de la *real TV*, alcanzó durante los años cincuenta un éxito comparable al de algunas estrellas de cine. Aquí, lo mercantilizable no era simplemente la imagen de Pilgrim, sino su voz, su tiempo y vida «íntima». Así por ejemplo, en 1957 *Playboy* promete que los nuevos suscriptores serán recompensados con una llamada personal de la propia Pilgrim –no olvidemos que el trabajo de Pilgrim era administrar las suscripciones a la revista–.[59] De este modo, Pilgrim sirvió a Hefner para identificar y refinar la fórmula de la *playmate* e inventar *the girl next door,* «la chica de al lado».

Más que una mujer cualquiera con la que podemos tropezarnos a la vuelta de la esquina, como pretendía *Playboy*, la *playmate* era el resultado de una serie de técnicas

---

58. Véase Christian Marazzi, *El sitio de los calcetines*, Madrid, Akal, 2003.
59. Steven Watts, *Mr Playboy, op. cit.,* p. 116.

precisas de representación visual. La primera de estas estrategias era la traslación de la estética pictórica pop de las *pin-ups* a la fotografía pornográfica o erótica en color. Se conocían como *«pin-ups»* las representaciones (dibujos o fotografías) de mujeres (no siempre necesariamente desnudas) realizadas durante los años treinta y cuarenta en Estados Unidos para ser publicadas en calendarios, imágenes comerciales o cómics eróticos que los soldados popularizaron durante la guerra al dibujarlas sobre el material bélico o colgarlas en sus dormitorios. Las primeras *pin-ups* americanas, realizadas por Charles Dana Gibson, eran en realidad variaciones de las primeras fotografías y dibujos de las actrices francesas de cabaret y vaudeville de principios de siglo, como las chicas Ziegfeld, las bailarinas del Folies Bergères de París. La *pin-up* representa la glamourización visual de la feminidad americana frente a los modelos europeos. Las primeras fotos de *playmates* publicadas por *Playboy* se inscriben en esta tradición visual. Alberto Vargas, uno de los artistas *pin-up* más activos de la época, trabajó en exclusiva para *Playboy* desde 1957.[60] Entonces ya era conocido por sus acuarelas para la película de 1927 *Glorifying the American Girl*, sus afiches para la Twentieth Century Fox y sus colaboraciones en las revistas *Esquire* y *Men Only*. En *Playboy*, los tonos pastel y las texturas de aerosol de sus primeras pinturas dejaron paso a los colores saturados y a los contornos bien definidos de las fotografías, que conferían a la *playmate* un aspecto casi tridimensional e hiperrealista. En el primer número de *Playboy*,

---

60. «La chica Varga» fue comercializada inicialmente por *Esquire* (que suprimió la «s» final del apellido de su creador), en la década de 1940, a través de la producción de calendarios: Charles G. Martignette y Louis K. Meisel, *The Great American Pin-Up*, Taschen, Nueva York, 1999, pp. 26-27.

Hefner quiso publicar fotos de desnudos de Marilyn Monroe tratadas como imágenes en tres dimensiones que podrían verse con anteojos especiales, pero tuvo que abandonar este proyecto debido a su alto costo. Tras el éxito del desplegable bidimensional de Monroe, el editor dedujo que el contraste de colores y texturas (el rojo del terciopelo frente a la piel blanca) producía casi el mismo efecto. La *playmate* debía combinar el cuerpo carnoso y de aspecto infantil de la anónima *pin-up* estadounidense y el glamour de las chicas de los pósters de Hollywood con la audacia de la pintura pornográfica.

Además de Vargas, otros practicantes de la pintura *pin-up* como George Petty, Gil Elvgren y Earl MacPherson dominaron la técnica que permitía transformar escenas de «la vida cotidiana» de cualquier «chica americana» en imágenes en color meticulosamente escenificadas y concebidas para reproducción mecánica y distribución a gran escala. Por su parte, *Playboy* dotó estas imágenes de poderes performativos, para lograr que «la chica Varga» pareciera lo más real posible.[61] En poco tiempo, la revista estuvo en disposición de suministrar a sus fotógrafos, para que desarrollaran su trabajo, más de veinte *playmates* de carne y hueso, que pasaban día y noche primero en el ambiente pseudodoméstico de los decorados Playboy hasta que Hefner se mudó a la Mansión. Sin embargo, y hasta cierto punto, nada parecía haber cambiado, salvo que la chica *pin-up* que Lou Shabner había dibujado antes sentada en una moderna butaca roja había sido reemplazada ahora por una réplica de Marilyn Monroe (en realidad, Lisa Winters) instalada en una butaca de Saarinen. Hollywood, el diseño de mobiliario moderno y las nuevas téc-

61. Russell Miller, *Bunny, op. cit.*, p. 55.

nicas fotográficas con colores Kodak se aliaban para producir un efecto de realismo e inmediatez desconocido hasta entonces. Como último golpe de magia, la segunda entrega de *Playboy*, el número de enero de 1954, muestra ya a la compañera del playboy transformada en coneja, llevando un disfraz con orejas que dejaba al descubierto sus brazos y piernas, inspirándose quizás en la *pin-up* «Bunny Girl» dibujada para un calendario por George Petty en 1947 (véase imagen 2), que representaba a una joven patinando vestida simplemente con una malla rosa casi transparente con orejas de conejo sobre la cabeza y que había sido siempre una de las preferidas de Hefner.[62]

La segunda técnica de representación responsable de la producción de la *playmate* era la disposición de dos fotografías de la chica de al lado en el famoso «desplegable», a las que el paso de página dotaba de movimiento consiguiendo un efecto cinemático de montaje. El desplegable de *Playboy* adquirió tal difusión en la cultura americana de posguerra que, como señala un humorista: «Toda una generación de americanos crecieron pensando que las mujeres tenían una grapa en la cintura.»[63] El desplegable operaba de forma similar a los dispositivos de rotación que amueblaban el ático del soltero, transformando lo privado en público y haciendo visible la interioridad. Tomemos las imágenes de la primera *playmate*, Janet Pilgrim, «Miss Julio»: cuando el desplegable está cerrado vemos a una joven secretaria con gafas y falda más bien larga, recatada y formal; al abrir el desplegable descubrimos la cara oculta de la secretaria: Pilgrim posa ahora desnuda mostrándose sexualmente accesible, pero nunca amenazante, mante-

62. Steven Watts, *Mr Playboy, op. cit.,* p. 32.
63. *Ibid.,* p. 115.

niendo siempre la distancia con respecto a la «mujer predadora», a la que *Playboy* caracteriza como «zombi» o «agente secreta», una futura ama de casa en busca de marido y hogar camuflada bajo la apariencia de chica *cool*. El atractivo de la *playmate* era, según Russell Miller, «la ausencia de amenaza. Las *playmates* eran chicas encantadoras y limpias, nada había que temer al seducirlas».[64]

El desplegable de cuatro páginas en el centro de la publicación permitía hacer visible y exponer el interior de la chica de al lado, mirar tras la ventana de su casa, atravesar, como los rayos X, el tejido de su vestido y desnudarla. La operación de pasar la página implícita en la estructura misma de la revista y su relación con el ojo y la mano (ambos también órganos masturbadores) permitía pasar de lo plegado a lo abierto, de lo oculto a lo expuesto, de la vecina a la *playmate*, de lo seco a lo húmedo, de la imagen vestida al cuerpo desnudo y, por último, del «voyeurismo» al «sexo instantáneo». La posibilidad de abrir y cerrar la revista, de moverse hacia delante y hacia atrás, garantizaba la reversibilidad de ese proceso.

Diversos críticos de la representación y del lenguaje pornográficos como John Berger, Laura Mulvey o Linda Williams coinciden en señalar que el verdadero centro de la representación pornográfica es precisamente el ojo (la mirada y la subjetividad) masculino, que paradójicamente nunca forma parte de la imagen.[65] No obstante, el ojo masculino

64. Russell Miller, *Bunny, op. cit.*, p. 57.
65. John Berger, *Ways of Seeing*, Penguin Books, Nueva York, 1977; Laura Mulvey, *Visual and Other Pleasures*, Indiana University Press, Bloomington, Indianápolis, 1989. Véase especialmente el uso que hace Mulvey del concepto «mirada masculina», en «Visual Pleasure and Narrative Cinema», *Screen,* 16, n.º 3 (otoño de 1975), pp. 6-18. Linda Williams, *Hardcore,* op. cit., pp. 34-37.

deja su marca –indicio de su poder de fabricar imágenes– para así completar el marco que ha tenido la sagacidad de abandonar justo antes de la toma fotográfica. Hoy parece claro que cuando hablamos del «ojo masculino» no nos referimos a una cualidad biológica sexuada sino a una estructura política de la mirada. El ojo masculino, al mismo tiempo sujeto de la representación y (al menos idealmente) receptor universal de la imagen pornográfica, es cuidadosamente extirpado del espacio de la representación fotográfica. Pero sus huellas impregnan la imagen, a menudo en forma de objeto que acompaña al cuerpo desnudo y que queda atrapado dentro del marco de la representación. El objeto puede constituir una referencia a la tecnología codificada como masculina (teléfono, martillo, automóvil, etc.) o representar un signo fácilmente reconocible de hábitos culturalmente connotados como masculinos (pipa, corbata, cigarro, etc.). El teléfono o el puro son simplemente huellas de los mecanismos de producción implícitos en la mirada pornográfica y desvelan la identidad del ojo al que el ejercicio de masturbación visual va dirigido.[66]

Pero la «chica de al lado» era sobre todo el resultado de una serie de dispositivos de representación a través de los que se operaba un proceso audiovisual de publicación de lo privado y un proceso económico de privatización y labelización de la vida. El artículo de diciembre de 1955 que servirá para modelizar las posteriores *playmates* nos muestra la vida privada y cotidiana de Pilgrim,

---

66. Por ejemplo, puede verse a Miss Abril 1955 descansando en un sofá gris antracita, vestida sólo con un pantalón de matador y en compañía de la pipa de Hefner, que destaca en un cenicero cercano. Miss Noviembre de 1955 posó desnuda, cubierta apenas con una toalla, y en compañía de la corbata de Hefner, que colgaba del espejo del baño.

70

leyendo y vestida únicamente con la parte superior de un pijama de caballero, descubriéndonos el interior de lo que debemos imaginar es su propio apartamento. Aquí el desnudo (por otra parte incompleto) es relativamente secundario, comparado con la centralidad del espacio interior del apartamento de Pilgrim. Playboy permitía al lector ver lo que ocurría detrás de las ventanas de las casas ajenas, entrar en sus espacios domésticos, observar sus interiores privados. Las imágenes que esta mirada ofrecía eran, por supuesto, banales: chicas duchándose, poniendo la mesa, maquillándose para salir o arreglándose una carrera de la media...

Este dispositivo de publicación de lo privado se encuentra ya presente en las *pin-ups*. Un dibujo *pin-up* de Elvgren de una joven asustada al ver el interior de su propio cuerpo desvelado a través de una radiografía lleva al límite esta lógica de publicación (véase imagen 18). La pornografía y los rayos X[67] son parte durante los años cincuenta de un mismo dispositivo de representación del cuerpo, un aparato de producción de la interioridad como imagen, y del sexo como verdad del sujeto. Este proceso de mostración no debe entenderse como una simple revelación de algo que está oculto sino más bien como el proceso mismo de producción de la interioridad a través de técnicas de representación visual. La retórica del striptease de los reportajes fotográficos de *Playboy* sirvió para inventar el interior de la

---

67. Beatriz Colomina ha establecido la relación entre las técnicas de rayos X y los regímenes de visibilidad en el hogar moderno. Beatriz Colomina, «The Medical Body in Modern Architecture», en Cynthia Davidson (ed.), *AnyBody*, The MIT Press, Cambridge, Massachusetts, 1997, pp. 228-238. Sobre arquitectura y anatomía visual véase también Giuliana Bruno, *Public Intimacy. Architecture and the Visual Arts*, The MIT Press, Cambridge, Massachusetts, 2007, pp. 87-118.

joven mujer americana, pero también el interior de la vida doméstica y después el interior de la Mansión Playboy.

La persistente exposición del interior doméstico en *Playboy* era en realidad el resultado de un cuidado proceso de diseño y de teatralización del espacio. Los fotógrafos serán los principales escenógrafos de interior de las imágenes *pin-up* de *Playboy* durante los años cincuenta-sesenta. Antes de convertirse en el famoso director de *Pussycat! Kill! Kill!*, Russ Meyer trabajó realizando las fotografías eróticas de *Playboy,* que preparaba siguiendo un guión casi cinematográfico. Pero curiosamente el fotógrafo que más influyó en la creación de un estilo propio en *Playboy* no fue un hombre, como dejaban entender las críticas esencialistas contra el «el ojo masculino» y el «sexismo masculinista» de la revista, sino la fotógrafa americana Bunny Yeager. Yeager, que según su propia definición siempre había soñado con ser una chica *pin-up,* trabajó como modelo y actriz secundaria antes de estudiar fotografía en la Escuela de Miami y empezar a fotografiar a sus amigas.[68] Fue Yeager la que inmortalizó a Bettie Page, a Lisa Winters, a Maria Stinger o a Ursula Andress, la que inventó los bikinis estampados de leopardo y los flequillos rectos, la que creo los escenarios coloniales con chicas blancas rodeadas de animales salvajes y los decorados interiores con muebles rojos y verdes de formica. En 1954, Yeager vendió la primera fotografía de Bettie Page a *Playboy*. En 1959 se había convertido en «el mejor fotógrafo americano del año» y una de las profesionales mejor pagadas del mundo. Sin embargo, aunque muchas de las *playmates* fueran amigas personales de Yeager, las fotografías no eran casuales, sino que resultaban de una precisa escenografía

---

68. Véase su página web personal www.bunnyyeager.com.

de lo cotidiano. En 1955 Hefner escribe para Yeager un protocolo con directrices de representación fotográfica: «Las *playmates* deben ser representadas en un espacio interior o en un decorado natural. *Playboy* es una revista de interior para el hombre urbano y las *playmates* deben dar la misma impresión... Nos interesa que todo parezca natural, no un decorado de estudio, sin accesorios excesivos.»[69] Finalmente en 1958, cerrando el círculo de la exhibición de la interioridad privada, *Playboy* publica el artículo «Fotografía tu propia *playmate*», invitando a los lectores a hacer de sus casas y oficinas improvisados estudios en los que descubrir desconocidas estrellas. A pesar de todo, como veremos, Hefner no estaba pidiendo al americano medio algo que él mismo no hubiera hecho.

69. Carta de Hugh Hefner a Bunny Yeager, 21 de abril de 1955, Playboy Archives.

4. STRIPTEASE: LA DOMESTICIDAD
AL DESNUDO

El desnudo público como categoría social y política, como transgresión legal o moral, pero también como espectáculo, es una invención reciente. Sólo la modernidad ha estilizado el desnudo femenino hasta transformarlo en una práctica al mismo tiempo codificada y mercantilizable. Aunque existía una tradición premoderna del desnudo teatral, sagrado o cómico, el striptease como explotación comercial del desnudo en un espectáculo público, como espectáculo que descubre el cuerpo, que lo desviste de forma progresiva y coreográfica frente a la mirada de un público que paga por ello, aparece con la ética del pudor burgués y los nuevos espacios de consumo y entretenimiento de la ciudad moderna: circos, teatros populares, *freak shows*, *music halls*, *café-concerts*, cabarets, *water shows*... Es en este contexto de ebullición de la metrópolis colonial y mercantil, en Londres, París, Berlín y Nueva York, entre cuadriláteros improvisados de boxeo, acrobacias de trapecio y exposiciones de zoológicos humanos,[70] donde surgen

70. Véase Nicolas Bancel *et al.*, *Zoos humains. De la Vénus Hottentote aux reality shows*, París, La Découverte, 2002.

las prácticas del *french cancan* y del «*déshabillage*», de la danza exótica, del burlesque americano, de la extravaganza, del *lap-dancing* o del *table-dancing*. Las primeras performances que codifican el desnudo son fruto del desplazamiento de las técnicas de seducción de las prostitutas en los burdeles a otros espacios de entretenimiento urbanos. En otros casos, como el famoso *Coucher d'Yvette*, las performances de desnudo teatralizan en el espacio público una viñeta del interior doméstico: el espectador tiene acceso a ver cómo Yvette se desviste antes de acostarse en su cama.[71] Todas estas performances tienen en común la utilización del vestido y de su opacidad o transparencia como un marco teatral con respecto al cual el cuerpo se descubre. Aquí el marco que envuelve al cuerpo, que comprende pelucas, tejidos, plumas, e incluso armaduras esculturales, funciona como una arquitectura masturbatoria que al mismo tiempo lo oculta y lo desvela, lo cubre y lo expone.

Durante el siglo XIX, la misma dialéctica entre pudor y seducción que afecta al cuerpo y su destape lleva a la burguesía a «vestir los muebles», inventando pantalones que cubren las patas de los pianos. Como ha mostrado Marcela Iacub siguiendo a Foucault, las definiciones legales de «obscenidad» y «pornografía» que aparecen en esta época y que afectan a la representación del cuerpo y de la sexualidad no tienen tanto que ver con el contenido de la imagen, con aquello que se muestra, sino más bien con la regulación del uso del espacio público y con la ficción de la domesticidad privada y del cuerpo íntimo, baluartes de la cultura burguesa. Las diversas regulaciones antiobscenidad y antipornografía no buscan reprimir o hacer desaparecer la

71. Sobre la historia del striptease véase Rémy Fuentes, *Strip-tease. Histoire et légendes,* La Musardine, París, 2006.

76

representación de la sexualidad, sino más bien «distribuirla en el espacio», «segmentarla en dos regímenes opuestos de visibilidad, uno privado y otro público, definidos en función de los espacios que ocupan. En el espacio privado era posible gozar de las libertades sexuales prohibidas por el código penal, mientras que en el espacio público era necesario esconderse».[72] Lo que caracteriza a los actos y representaciones sexuales como lícitos o ilícitos no es su contenido, sino el lugar en el que éstos se llevan a cabo. La sexualidad moderna no existe, por tanto, sin una topología política: la aparición de un muro regulador que divide los espacios en públicos (es decir, vigilados por el ojo moral del Estado) y privados (vigilados únicamente por la conciencia individual o por el silencioso ojo de Dios).

Playboy vendrá a sacudir precisamente esta regulación de los espacios privados y públicos que se opera a través de la vigilancia y la mirada. La transgresión que *Playboy* suscita durante la guerra fría no depende de los cuerpos que se muestran sino del intento de modificar la frontera política que separa los espacios públicos y privados. El mejor ejemplo de esta voluntad de desplazar las fronteras de lo público no son únicamente los desplegables de desnudos *pin-ups,* sino sobre todo los artículos y reportajes que dejan al descubierto el interior de los apartamentos, de los áticos de soltero y de la Mansión.

Aplicando a la casa las técnicas masturbatorias y pornográficas inventadas por el teatro de cabaret, *Playboy* llevaba a cabo en las páginas de la revista un striptease de los espacios que hasta entonces habían permanecido ocultos. La revista estaba desnudando frente a los ojos de Nortea-

72. Marcela Iacub, *Par le trou de la serrure. Une histoire de la pudeur publique. XIX-XXI siècle,* Fayard, París, 2008, p. 13.

mérica el espacio privado, sacudiendo así sus convenciones y sus códigos de representación.

Sweet home, public home

En realidad, Hefner había puesto en marcha este proceso de exhibición pública de lo privado antes del lanzamiento de la revista *Playboy* en 1953. El joven Hefner, que había trabajado como periodista para la revista *Esquire* y como agente de ventas para las pequeñas distribuidoras de revistas *Nudies* durante los años cuarenta, autofinancia en 1951 la publicación de su primer cómic, *That Toddlin' Town: A Rowdy Burlesque of Chicago Manners and Morals*.[73] En este libro, pensado como una guía alternativa de Chicago, las diferentes viñetas creaban un mapa ficcional de la ciudad: Union Station y el caótico tráfico metropolitano, la experiencia corporal de la multitud en North Avenue Beach, los rascacielos como espectáculo urbano, los clubs nocturnos de West Madison Street y North Clark Street, donde chicas desnudas nadan para clientes en piscinas transparentes, prostitutas, vagabundos y pitonisas baratas en Maxwell Street... Hefner presenta, en un tono cómico, una ciudad dominada por la violencia y la vigilancia policial, en la que las mujeres son *vamps* y los hombres, poco importa si banqueros o jugadores de ruleta, son mafiosos.

Ése es el Chicago que acogerá la publicación de la revista *Playboy* y en el que después se instalará la primera

73. Véase Hugh Hefner, *That Toddlin' Town: A Rowdy Burlesque of Chicago Manners and Morals,* Chi Publishers, Chicago, 1951. Hefner también tenía experiencia como caricaturista colaborador de *Esquire* y director de ventas de la revista *Children's Activities*.

pornotopía de la Mansión Playboy. Con el fin de la prohibición en 1933 y con el desplazamiento de la atención política y policial hacia el comunismo y el espionaje durante los años de la posguerra, la mafia pasó a controlar con más facilidad que nunca la ciudad de Chicago. En los años cuarenta se despliega a lo largo de Rush Street (en el corazón del viejo distrito rojo del norte donde antes se instalaba el cabaret), en el suburbio de Cicero (famoso por ser la ciudad de nacimiento de Al Capone) y en el Strip del sur de Calumet City la red más importante de casinos, salas de juego y prostíbulos de toda Norteamérica. Superpuesto al mapa legal de la ciudad de Chicago, existía otro mapa en el que la industria del juego y el sexo dibujaban sus propias calles y vías de acceso. Como nos recuerda el historiador John J. Binder, «entre las salas de juego locales estaba el famoso "Juego Sucio Flotante", llamado así porque su situación cambiaba regularmente para evitar ser detectado. Los jugadores no lo encontraban, sino que más bien eran llevados por conductores desde los hoteles del *downtown* hasta algún lugar sin nombre de las áreas adyacentes».[74] La transformación de los prostíbulos tradicionales en clubs de striptease se llevo a cabo en Chicago durante este periodo. El club de striptease era un nuevo espacio de socialización en el que se reunían millonarios, políticos y *strippers*. «Las actividades ilegales de la mafia se habían desplazado desde la prostitución estricta, porque los burdeles ya no eran bien tolerados socialmente, hacia los clubs de striptease, en los que las chicas servían a los clientes de un modo menos visible.» El Strip de clubs de Chicago se convertirá después en un modelo exportable para la construcción de distritos ro-

74. John J. Binder, *The Chicago Outfit*, Arcadia Publications, Londres, 2003, p. 77.

jos en otros paraísos insulares, como ocurrirá durante algunos años en Cuba, y después en otros islotes legales construidos dentro del propio territorio americano, como Las Vegas: «La mafia de Chicago invirtió primero en los casinos de La Habana, pero después de los cincuenta se desplazó hacia Las Vegas y ayudó a construir el Strip. Empezando por el Stardust, en 1961 Chicago tenía intereses en el Rivera, el Fremont y el Desert Inn.»[75]

En *That Toddlin' Town*, Hefner llevaba a cabo mediante el cómic un striptease de la ciudad de Chicago, destapando el auténtico motor carnal (hecho, según Hefner, de sangre y sexo) que hacía fluir el capital bajo las homogéneas fachadas de los rascacielos americanos y haciendo visible un cartografía subalterna de la ciudad a través de sus agentes secretos: las putas, los mafiosos, los vagabundos y las pitonisas.

El reportaje arquitectónico o la decoración interior como autoficción

El striptease como técnica periodística se hace todavía más explícito cuando, dos años después de la publicación de su primer cómic, Hefner vende el reportaje «How a Cartoonist Lives», «Cómo vive un dibujante de cómics», al periódico *Chicago Daily News*. El artículo, que se publicará finalmente el 21 de marzo de 1953, retrata a través de entrevistas y fotografías la vida privada de una joven pareja anónima y el interior de un apartamento cualquiera de Chicago.[76] Sin embargo, aquél no era un reportaje cual-

75. John J. Binder, *The Chicago Outfit, op. cit.*
76. Russell Miller, *Bunny, op. cit.*, p. 34.

quiera: la pareja de recién casados eran los Hefner (Hugh y Millie junto a su bebé Christie), y el apartamento su propia vivienda en el 6052 de South Harper en el sur de Chicago. Hefner, en un gesto autoficcional, había girado hacia su propio interior los dispositivos mediáticos a través de los que un espacio se convierte en visible.

Al proyectar la técnica del striptease de publicación de lo privado hacia su propia vida, Hefner inicia, antes de la publicación de *Playboy*, un proceso de autoexhibición doméstica que prefigura la espectacularización posterior del apartamento de soltero y de la Mansión y anticipa algunas de las formas de consumo de la intimidad que caracterizarán después el final del siglo XX, como el *reality show* o la *Jennicam*.

El reportaje estaba formado por un artículo sobre la «vida moderna urbana» y cinco fotos del apartamento en las que aparecían el propio Hefner, su mujer y su hija posando para la cámara. La casa de los Hefner, decorada por el propio Hugh, es representada como un ejemplo de *«modern living»*, de vida moderna, con diseños «simples y funcionales» entre los que se encuentran: una *womb chair* naranja de Hans Knoll y Herman Miller, sillas de fibra de vidrio y un aparato de televisión en la sala de estar. Hefner acabaría empeñando esos mismos muebles unos meses más tarde a cambio de 600 dólares para pagar los gastos del lanzamiento del primer número de la revista *Playboy*.[77] Según el *Chicago Daily News*, en las paredes, la reproducción de un cuadro de Picasso y un par de radiografías del tórax de Hugh y Millie, ejemplos de los progresos visuales en arte y ciencia, contribuían a esta impresión de modernidad.

77. *Playboy. 50s Under the Covers, op. cit.*

«La vida moderna», explicaba el artículo, «es uno de los temas preferidos de los cómics de Hugh Hefner. En ellos se ríe de su llana sencillez y de su funcionalismo. Pero el apartamento que Hefner y su mujer Millie llaman hogar es sencillo, moderno y funcional. Les maravilló encontrar un apartamento en un edificio en el número 6052 de South Harper. Necesitaba muchos arreglos antes de que pudieran habitarlo, pero una mirada bastó para darse cuenta de que el trabajo compensaba. El dueño quitó el viejo papel pintado e hizo que lo enyesaran de nuevo. Después los Hefner se pusieron a trabajar –pusieron masilla, limpiaron, pintaron, barnizaron y empapelaron–. El resultado final es un apartamento lleno de originalidad y de toques personales.»[78] El dormitorio «está amueblado de manera sencilla con muebles bajos que contrastan con las sombras del bambú verde oscuro».[79] En el salón: «El comedor de nogal está diseñado por Herman Miller y la discoteca ha sido construida en casa por Hefner.» También la habitación de su hija, Christie, había sido decorada por Hefner, con «tiras de cómic de Pogo que aparecían publicadas en el *Daily News*».[80]

Sin embargo, lo que llama la atención en estas imágenes, más allá de las escasas piezas del mobiliario, es el modo en que la vida privada de la familiar nuclear americana ha sido teatralizada por los Hefner. En esta escenografía moderna, Hugh y Millie ocupan posiciones tan cuidadas como sus muebles. Sin embargo, los códigos tradicionales de representación del género en la casa suburbana durante la posguerra han sido sutil pero definitiva-

78. *Chicago Daily News*, 21 de marzo de 1953.
79. *Ibid.*
80. *Ibid.*

mente invertidos: en el salón, mientras que Millie aparece sentada en el sofá leyendo el periódico (acción típicamente codificada como masculina), Hefner aparece sentado en el suelo, situándose de este modo simbólicamente en un nivel inferior al de su esposa en la fotografía, con el bebé en sus rodillas. Más que una feminización de la posición masculina, podríamos decir que Hefner evita la posición tradicionalmente masculina, para emplazarse en el lugar de la infancia, un espacio anterior a la verticalidad, rechazando al mismo tiempo el nivel superior de la edad adulta y las normas de género que rigen en él.

Prefigurando de algún modo los reportajes fotográficos y el programa televisivo que tendrán lugar después en la futura Mansión Playboy, Hefner hace visible el interior de su propia casa a través de la construcción teatral de una autoficción doméstica. Lo que aquí se nos propone es un striptease de la vida doméstica heterosexual americana. Pero no se trata de un desvelamiento de una verdad escondida, sino de un proceso de producción teatral y de construcción narrativa en el que cada detalle ha sido técnicamente orquestado. De hecho, el reportaje producía una ficción de domesticidad que poco tenía que ver con la realidad: para entonces los Hefner ya habían pensado en divorciarse y Hugh había iniciado su experimentación sexual a través de la organización de fiestas de *swingers,* aunque decidieron «jugar el papel» de la pareja perfecta, como Millie explicaría más tarde.[81]

Este artículo constituye la primera instancia de la que se convertiría con el tiempo en la estrategia de representación por excelencia de *Playboy:* la producción de una autoficción teatralizada y pública del interior doméstico y

81. Steven Watts, *Mr Playboy, op. cit.,* pp. 58-59.

privado. El rasgo más llamativo de este reportaje es el despliegue de lo que podríamos llamar la «autoficción arquitectónica», o la narración autobiográfica a través de la descripción o la representación de los lugares en los que transcurre la vida.

En el artículo no hay detalles psicológicos que permitan bucear en la intimidad de los personajes. Ésta es la hipótesis que Hefner comienza a poner en funcionamiento a través de este primer fotorreportaje y que luego cobrará fuerza en *Playboy:* no se accede a la subjetividad a través de la narración psicológica sino a través de la representación arquitectónica. A la pregunta «¿cómo vive un dibujante de cómic?» se responde por medio de la exhibición de su interior doméstico. Si tenemos en cuenta que la domesticidad se ha definido históricamente, y sobre todo a partir de la aparición del interior burgués en el siglo XIX, por oposición al espacio público, podemos decir que la operación que tácticamente se inicia con este artículo del *Chicago Daily News* y que se desplegaría después en toda su amplitud en *Playboy* hasta llegar a caracterizar las formas de habitar propias de finales del siglo XX, es un proceso de *des-domesticación del interior burgués* a través de su producción y exposición mediática. No es éste simplemente un proceso de mostración de una domesticidad que ya existe, sino la producción de una nueva ficción de domesticidad a través del proceso mismo de su representación mediática. La invención de la pornotopía es la producción de una domesticidad orquestada y coreografiada con dispositivos técnicos de vigilancia y de reproducción audiovisual.

Un proceso semejante de reconstrucción de los límites tradicionales entre privacidad y publicidad al puesto en marcha por Hefner por medio de los ejercicios de autodisplay de lo doméstico estaba teniendo lugar en algunos de los más conocidos proyectos arquitectónicos de los años cincuenta. Mientras Mies van der Rohe[82] y Philip Johnson[83] eliminaban las divisiones internas y utilizaban las paredes de cristal para destapar la domesticidad (dejar la arquitectura al desnudo), Hefner insiste en representar la domesticidad a través de los medios de comunicación (primero a través de la fotografía y la escritura y más tarde a través de la televisión, el cine, el vídeo o incluso el videojuego). Lo que está siendo desvelado es el carácter teatral y político de la arquitectura, las condiciones culturales que separan lo visible de lo invisible que habían fundado el régimen de lo privado y lo público desde el siglo XIX hasta la guerra fría. Este desvelamiento llevará a la producción de un *interior posdoméstico* que ya no está caracterizado por su privacidad y en el que los habitantes son conscientes de su doble condición teatral, sirviendo al mismo tiempo como actores y espectadores.

82. En 1953, el mismo año en que Hefner publica el primer número de la revista *Playboy*, la revista de arquitectura *House Beautiful* inicia una campaña de desprestigio de Mies van der Rohe y del International Style tomando la casa Farnsworh, paradigmático cubo de cristal, como ejemplo de «la mala arquitectura moderna» por haber dejado a la señora Farnsworth desnuda frente a los ojos de América: Beatriz Preciado, «Mies-conception: La Casa Farnsworth y el misterio del armario transparente», *Zehar, Revista de Arteleku*, n.º 44, 2000, pp. 26-32.

83. En la Glass House de Philip Johnson, los diversos grados de opacidad y transparencia generados por el cristal jugarán como una metáfora del armario y de su lógica de mostración y ocultamiento de la homosexualidad. Véase Alice T. Friedman, *Women and the Making of the Modern House*, Harry Abrams, Nueva York, 1998, pp. 126-159.

5. LA CELDA POSDOMÉSTICA:
EL APARTAMENTO PARA EL SOLTERO URBANO

Ésta podría ser la divisa con la que *Playboy* emprende en los años cincuenta una tarea de transformación social: si quieres cambiar a un hombre, modifica su apartamento. Como la sociedad ilustrada creyó que la celda individual podía ser un enclave de reconstrucción del alma criminal, *Playboy* confió en el apartamento de soltero como nicho de fabricación del nuevo hombre moderno. En el artículo «Playboy's Penthouse Apartment: A High Handsome Haven-pre-planned and furnished for the Bachelor in Town», publicado en 1956, la revista presentaba el apartamento de soltero como un teatro virtual en el que el antiguo hombre aprendía las técnicas de juego del conejo –representado por un hombre maduro pero destinado, en realidad, a un lector adolescente–. Aquí el apartamento no era un mero decorado interior, sino una auténtica máquina performativa de género, capaz de llevar a cabo la transformación del antiguo hombre en playboy.[84] El apartamento

84. Hefner llegó a decir que sólo la Mansión le permitía «reinventarse como playboy». Introducción en Gretchen Edgren, *Inside the Playboy Mansion,* Stoddart, Toronto, 1998, p. 11.

funcionaba como un espacio de aprendizaje en el que el hombre ciervo podía familiarizarse con la ética juguetona del conejo a través del manejo de una serie de *dispositivos giratorios* destinados a resaltar el carácter flexible, circular y reversible de las rígidas normas de género, sexuales, sociales y políticas que dominaban la sociedad americana de posguerra.

Tanto el diseño arquitectónico del apartamento, como los mecanismos visuales, los muebles o electrodomésticos del ático de soltero de 1956 pretendían funcionar como aparatos conversores que permitían transformar incesantemente el trabajo en ocio, desvestir lo vestido, humedecer lo seco, hacer que lo homosexual fuera heterosexual, lo monógamo polígamo, transformar lo negro en blanco y viceversa. Se trataba, por supuesto, de un juego sin riesgos y con posibilidad de vuelta a casa. Además, el juego no era una red libre de relaciones ni un sistema totalmente abierto, sino un ejercicio contenido y seguro que permitía suspender durante un tiempo, y al menos de forma imaginaria, la validez moral de las normas sociales que pesaban sobre la caduca subjetividad masculina del hombre ciervo americano de mediana edad. Esta suspensión moral producía, más allá de la estricta masturbación sexual a la que invitaban tímidamente las imágenes, una *plusvalía* erótica que alimentaba la emergente subjetividad conejo. El éxito de *Playboy* consistía en situar al frustrado lector masculino suburbano americano, todavía participante en las lógicas del consumo y el ocio de la economía de posguerra y cómplice de las estructuras sociales de segregación de género, clase y raza, en la posición de jugador, dándole por un momento la posibilidad de gozar de la transgresión moral para invitarle, después, a retomar su vida de ciervo trabajador y volver a su casa y a su césped.

El artículo de *Playboy* promete al lector una llave que le permite, a través de las páginas de la revista, visitar el interior del ático de soltero. La gestión del espacio interior es la condición de posibilidad de la vida sexual del conejo playboy. La visita guiada, manual de instrucciones para un futuro usuario del apartamento dirigido al lector como consumidor potencial del nuevo espacio y sus objetos funcionales, inicia al hombre estadounidense de clase media, sexualmente inexperimentado, en la gestión de sus encuentros sexuales múltiples en un solo espacio y presenta el sexo como objeto de consumo por excelencia entre una avalancha de objetos de diseño que son también consumidos eróticamente. Aquí lo extraordinario, como ha mostrado Bill Osgerby, no es el espacio mismo, por otra parte no muy distinto de los *bachelor pads*, los pisitos de soltero, representados en la época por otras revistas masculinas de diseño interior, sino el discurso desplegado por *Playboy*, la capacidad de *animar* la arquitectura a través de la construcción de una narración.[85]

Playboy trata de entrenar al sexualmente poco sofisticado hombre americano de clase media en la gestión de múltiples encuentros sexuales en un solo espacio interior que ya no es ni puramente privado ni totalmente doméstico. En esta pedagogía sexual, la gestión del espacio interior equivale a la gestión de la vida sexual. La virtud arquitectónico-sexual del ático para soltero playboy es su capacidad para producir una economía de género alternativa a la imperante en el hogar unifamiliar heterosexual. Para *Playboy*, según una insólita interpretación erótica de la arquitectura interior, «la múltiple funcionalidad» del es-

---

85. Las revistas americanas *Rogue* o *Escapade*, siguiendo a *Playboy*, dedicarán también reportajes visuales al diseño interior de los apartamentos de soltero. Véase Bill Osgerby, «The Bachelor Pad as Cultural Icon...», *op. cit.*, p. 106.

pacio abierto, la «flexibilidad de los módulos» y el «carácter cambiante y lúdico de los muebles», representado por los diseños de Eero Saarinen, Osvaldo Borsani o Ray y Charles Eames, permitían «introducir en la casa tantas mujeres como fueran necesarias para satisfacer los deseos sexuales del soltero» (o, mejor, recién divorciado), protegiendo al mismo tiempo el espacio interior de lo que *Playboy* denomina «la domesticación femenina».

Por eso, nada resulta más peligroso para un apartamento de soltero playboy que una joven mujer con ansias de matrimonio y de casa suburbana. El apartamento de soltero es, por supuesto, un escenario heterosexual, pero, protegido frente a la amenaza matrimonial, debe ser también un territorio cuidadosamente segregado en términos de género. Mientras que el hogar femenino se caracteriza por ser un espacio natural donde se privilegian las tareas de la reproducción, el espacio posdoméstico del playboy se caracteriza por ser un nicho tecnificado y ultraconectado a redes de comunicación, dedicado a la producción de placer=trabajo=ocio=capital.

El apartamento (no el playboy) funciona como una máquina que, con igual eficacia, atrae mujeres y se deshace después de ellas. Gracias a la adaptabilidad de los artefactos del piso, garantes de la mecanización del flirteo, el soltero puede permitirse por primera vez una actitud frívola con las mujeres. Basta con que la invitada penetre en ese ático para que cada mueble y objeto de diseño se despierte y funcione como una trampa que facilitará el disfrute de lo que la revista llama «sexo instantáneo».[86] Los *gadgets* y artilugios mecánicos transforman los viejos métodos de caza del venado en las nuevas formas de adminis-

86. *Playboy*, septiembre de 1959, pp. 59-60.

trar el sexo propias del habilidoso conejo playboy.[87] Las sillas Tulipán de Saarinen, el bar giratorio, las mamparas correderas, las cortinas translúcidas operan como *dispositivos* móviles y giratorios que incesantemente reestructuran el espacio del apartamento, con el objetivo de que el soltero pueda vencer fácilmente las resistencias de su visitante femenina a la práctica sexual. Los muebles del ático se convierten así en máquinas de ligar. Según el artículo de *Playboy:* «A propósito de diversiones, uno de los armarios colgantes de Knoll instalados bajo las ventanas contiene un bar prefabricado. Esto facilita que el soltero astuto pueda permanecer en la habitación mientras prepara un cóctel para su resignada presa. Así se evita el riesgo de que se esfume el momento psicológico adecuado, se evita el tener que dejarla ahí, cómodamente acurrucada en el sofá, con los pies descalzos, para al volver descubrir que ha cambiado de parecer y encontrar a la joven dama con su bolso en la mano y dispuesta a marcharse a casa, joder.»[88]

El ático es una oficina en la que el soltero pueda organizar sus múltiples encuentros sexuales, pero también una

---

87. En línea con la tradición *stag,* la caza se convirtió en uno de los temas constantes de *Playboy.* En marzo de 1958 la revista publicó «The Right Honorable Hide», un artículo que acompañaba una serie de accesorios de caza para el playboy urbanita. Puede observarse una ligera transformación en el tratamiento del tema: las armas de caza son ahora objetos ornamentales, souvenirs de un safari colonial que adornan una pared del piso del soltero; una silla de diseño ha sustituido la montura; un minibar, el agua y las provisiones, y la bola del casino portátil ocupan el lugar de las antiguas municiones. Playboy introduce al joven urbanita en la caza de interior: «Gracias a ella, tendrás a mano un whisky, cubitos de hielo en condiciones y un cómodo asiento, tu escopeta Francotte estará a resguardo, tu pipa debidamente cebada, tus cigarrillos a punto, tus pies secos, tu dinero en la cartera y los pantalones puestos», *Playboy,* marzo de 1958, p. 56.

88. *Playboy,* septiembre de 1956, p. 59.

estación de reciclaje en la que el playboy se deshace de sus presas una vez consumidas. Las operaciones de introducción y evacuación de las mujeres se ven facilitadas precisamente por diversos *dispositivos* giratorios y objetos «adaptables». Según la revista *Playboy*, estos accesorios técnicos no sólo permiten gestionar el tiempo, sino que evitan que se produzcan encuentros entre las diversas invitadas en el ámbito del apartamento y eliminan el peligro de que se instale la «insidiosa chica en busca de marido». Por ejemplo, el teléfono está equipado con «silenciadores y otros adminículos... para que el timbre del aparato o, lo que es peor, una llamada de la locuaz cita de la noche anterior no pueda romper el hechizo del momento. (No tema perderse alguna invitación sugerente: hay un contestador conectado al aparato de grabación.)».[89]

El programa antidomesticidad femenina propuesto por *Playboy* —primero, deshacerse de las mujeres después del sexo; segundo, eliminar sus huellas, y tercero, impedirles que vuelvan a instalarse en la cocina (hasta ese entonces su cuartel general hogareño)— contribuyó a transformar radicalmente la imagen del soltero. El playboy dejaba de ser un futuro marido para convertirse en un seductor en serie asistido técnicamente en una tarea incesante de caza y limpieza. Obsesionado por borrar las huellas de sus conquistas sexuales de la noche anterior y desfeminizar su espacio como quien depura o desinfecta, el conejo playboy, más que como un simple seductor espontáneo, es presentado como un agente doble, un espía o un meticuloso asesino en serie.[90]

89. *Playboy*, septiembre de 1956, p. 59.
90. Resulta llamativo, por ejemplo, lo parecidas que son la atmósfera del ático Playboy y la máquina de matar doméstica descrita por Bret

Entendiendo la tecnología y el diseño moderno como complementos naturales del cuerpo masculino, *Playboy* concede a los muebles cualidades sobrenaturales, representándolos como auténticas prótesis del soltero que suplementan su incapacidad para ligar sin ser pescado. En la sala de estar, explica el artículo, la silla womb de Saarinen puede fácilmente desplazarse a derecha o izquierda para transformar el área de trabajo en zona de ligue (y viceversa), con el consiguiente ahorro de esfuerzo y tiempo para el soltero. Los objetivos de los diseñadores Saarinen y Eames de crear «una silla cómoda, capaz de acoger diferentes posturas en vez de una sola y rígida posición sentada, y al mismo tiempo [incorporar] varios cojines sueltos», encajaban a la perfección con la ética del «trabajo como ocio» del conejo playboy.[91] El «sofá adaptable» del ático, ensalzado por su aptitud para mecanizar la seducción, no es otro que el D 70 de Borsani.[92] Con el sofá D 70, y también con el sillón articulado P 40, Borsani introdujo en el diseño industrial una retórica de la mutación, la mo-

Easton Ellis, en la década de los noventa, en *American Psycho*, Vintage Books, Nueva York, 1991, pp. 217, 304-305 y 344. Trad. castellana: *American Psycho*, Ediciones B, Barcelona, 1991.

91. Alexander von Vegesack, Peter Dunas y Mathias Schwartz-Clauss (eds.), *One Hundred Masterpieces from the Vitra Design Museum Collection*, catálogo de exposición, Vitra Design Museum, Weil am Rhein, 1996, p. 38. Agradezco a Alexandra Midal su ayuda en la investigación sobre diseño.

92. El sofá D 70 de Borsani fue diseñado entre 1953 y 1954 y producido por Tecno. En su versión «sonriente» y con una T estampada, este objeto se convirtió en la seña de identidad del fabricante italiano, y obtuvo el primer premio en la Décima Trienal de Milán, en 1954, *La Collection de design du Centre Georges Pompidou, Musée National d'Art moderne-Centre de Création Industrielle*, Éditions du Centre Georges Pompidou, París, 2001, pp. 72-73.

vilidad y la flexibilidad, que se convirtió en pieza esencial de la economía del espacio según *Playboy*. Gracias a un mecanismo metálico transversal, el sofá podía convertirse en una cama, transformación que materializaba para *Playboy* el salto casi metafísico de los valores verticales a los horizontales: «Las otras partes de la sala de estar se comprenden mejor si atendemos a un rasgo excepcional de este sofá: literalmente, "da la vuelta". Basta con pulsar un botón en uno de sus extremos para que el respaldo se convierta en asiento, y viceversa, de modo que quedamos orientados hacia el otro lado.»[93] No hace falta convencer de nada a la invitada: el sofá adaptable transforma una charla informal ante la mesa en un cara a cara romántico junto a la chimenea. Este dispositivo giratorio permitía que el soltero hiciera pasar a su visitante femenina, con elegancia y tacto, de la condición de mujer a la de conejita, de estar vestida a aparecer desnuda. Y, con apenas otro movimiento del sofá plegable y adaptable, el playboy podía trasladar a su invitada y presa del diván a la horizontalidad de la cama: la trampa final.

El sofá abatible y la cama (arquitectura de privatización de la sexualidad asociada tradicionalmente al matrimonio) se han convertido aquí en plataformas altamente tecnificadas, dotadas de teléfono, mando a distancia y radio (anticipando así el diseño de la famosa cama giratoria de Hefner), más cercanas a un observatorio militar o a una estación de control que a la cama tradicional: «Ahora que hemos dado cuenta de la última copa de la noche, va siendo hora de ir a la cama. A nuestra última invitada ya le hemos dicho "buenas noches" (o bien "vamos, querida, ya es hora"). Ahora toca dormir en brazos de Morfeo (o

93. *Playboy*, septiembre de 1956, p. 57.

de alguien más atractivo). ¿Qué hacemos: recorrer toda la casa apagando las luces y echando la cerradura en la puerta principal? Nada de eso: podemos tranquilamente desplomarnos en la cama, porque al alcance de nuestra mano tenemos los muchos botones del único control de mando de la casa. Ahí están los silenciosos interruptores de regulación de intensidad y un reostato que controla todos y cada uno de los puntos de luz, y gracias al cual es posible suavizar la luz del dormitorio para crear la perfecta atmósfera romántica. Y también en el mismo panel se encuentran los interruptores que controlan los circuitos de la puerta principal y los cierres de las ventanas que dan a la terraza. Y justo al lado están esos botones que basta pulsar para que se deslicen sobre sus rieles las grandes cortinas de hilo forrado, capaces de sumir el cuarto en la más profunda oscuridad en pleno día.»[94]

El ático de soltero funciona al mismo tiempo como una oficina y como una casa de citas. Superposición curiosa de un nuevo espacio de producción del capitalismo, la oficina, y de un antiguo espacio de producción y consumo sexual, el prostíbulo. Esta superposición pornotópica será aún más intensa y literal en la Mansión Playboy.

La cocina sin cocina: desfeminizar lo doméstico, desdomesticar lo femenino

Playboy apela a nuestro imaginario arquitectónico, muestra su dimensión teatral y performativa, construida por convenciones culturales y arbitrarias, y solicita nuestro deseo para producir un desplazamiento de los modos tradiciona-

94. *Playboy*, octubre de 1956, pp. 67-68.

les de habitar el espacio y pensar la masculinidad. Articulando la diferencia sexual en torno a la oposición masculino-técnico/femenino-natural, la revista *Playboy* defiende la tesis según la cual el nuevo entorno doméstico, saturado de artilugios mecánicos y eléctricos, es el ámbito legítimo de la masculinidad. Mientras la prensa femenina contemporánea se esforzaba por redefinir la función de la moderna ama de casa como experta en la gestión técnica del hogar,[95] *Playboy* afirmaba sin rodeos que no son las mujeres sino los hombres, profesionales formados en la fabricación de herramientas y el manejo de máquinas, quienes están plenamente capacitados para desempeñar las nuevas tareas domésticas automatizadas.

La redefinición en términos de masculinidad de un espacio tradicionalmente considerado femenino queda plasmada en el diseño de la llamada «cocina sin cocina» *(«Kitchenless Kitchen»)* del ático de *Playboy*, tal como los editores de la revista la denominan hasta transformarla en un clásico de los años sesenta. El diseño de la cocina es una operación de camuflaje. En el ático, cuyo espacio es casi totalmente abierto, la cocina es una zona cubierta tras una mampara de fibra de vidrio. Detrás de este panel descubrimos algo que difícilmente evoca una cocina. Todos los utensilios y objetos de limpieza, al menos para un observador de la época, parecen complejas piezas tecnológicas:

95. Véase Dolores Hayden, *Redesigning the American Dream: Gender, Housing, and Family Life*, The MIT Press, Cambridge, Massachusetts, 1981, y Dolores Hayden, *The Grand Domestic Revolution: A History of Feminist Designs for American Homes, Neighborhoods and Cities*, Norton, Nueva York, 1984.

Las paredes de la cocina consisten en seis paneles Shoji de estilo japonés que se deslizan fácilmente, a fin de cerrar o abrir completamente el espacio. Los marcos, de madera de olmo, rematan la fibra de vidrio translúcida... Descorramos ahora estos Shojis y entremos en la cocina. Quizás su primera reacción sea preguntarse: «¿Dónde están las cosas?» Todo está en su sitio, como comprobará, pero cuidadosamente guardado y diseñado para obtener la mayor eficiencia con el mínimo de agitación y esfuerzo de la *hausfrau*. Recuerde que estamos en la cocina de un soltero, y a menos que sea del tipo más bien rarito, prefiere cocinar y degustar especialidades sin mucha demora, y con la misma intensidad detesta fregar platos, hacer la compra y poner orden.[96]

El visitante manifiesta su sorpresa («¿Dónde están las cosas?») no ante la tecnificación de los elementos de cocina; después de todo, en Estados Unidos este rasgo era una constante en la publicidad de la época para este tipo de accesorios.[97] En realidad, como en un lapsus freudiano, el sintagma «las cosas» sustituye al sintagma «ama de casa». Ésta es la auténtica pregunta: «¿Dónde está el ama de casa?» Playboy había roto el último tabú, había pulverizado el último icono de la casa suburbana: había hecho que la mujer desapareciera de la cocina. La limpieza del hogar, que *Playboy* considera un típico «trabajo ma-

96. *Playboy*, septiembre de 1956, p. 60.
97. Véanse Adrian Forty, *Objects of Desire*, Pantheon, Nueva York, 1986, y Joanne Hollows, «The Bachelor Dinner: Masculinity, Class and Cooking in Playboy, 1953-1961», *Continuum: Journal of Media & Cultural Studies*, vol. 16. n.º 2, 2002, pp. 143-155

nual de la *hausfrau*», es desempeñada por máquinas que permiten transformar la cocina en un área de esparcimiento para el joven experto en carnes y vinos.[98] La redefinición de las actividades culinarias en términos de eficiencia técnica y habilidad masculina permite disipar completamente la amenaza de feminización o emasculación del soltero (evocada en el artículo como el riesgo de ser «rarito»).

Gracias a su rechazo simultáneo de la «atmósfera antiséptica y clínica de tantas cocinas modernas» y del carácter femenino de los elementos culinarios, *Playboy* consiguió que la cocina técnica se convirtiera en un accesorio masculino imprescindible, tan importante para el modo de vida del seductor urbano como el automóvil. La cocina tecnificada –la cocina sin cocina– asume las tradicionales labores «femeninas» de transformación de la suciedad en limpieza y lo crudo en cocido, que desempeña no mediante el esfuerzo manual del ama de casa, sino gracias a la efectividad de las máquinas narrada por *Playboy* de forma utópica. El lavavajillas ultrasónico, que utiliza frecuencias de sonido inaudibles para limpiar los objetos, elimina el fregado de los platos a mano. Al despertar tras una noche de conquista exitosa, basta con un toque al correspondiente interruptor del control remoto en la cabecera de la cama del soltero para disfrutar de un desayuno completo. *Playboy* describe la rutina del soltero: «Perezosamente buscas con la mano el panel de control, pulsas los botones del circuito de la cocina, y de inmediato

98. *Playboy* no duda en aconsejar al soltero que contrate a una asistenta para que haga las faenas domésticas una vez a la semana, con tal de evitar el peligro de que una mujer asentada en la casa asuma esta responsabilidad. *Playboy*, septiembre de 1956, p. 60.

las lonchas de tocino, los huevos, el pan y el café molido que anoche te encargaste de poner donde correspondía... inician su metamorfosis hasta quedar convertidos en beicon crujiente, huevos fritos en su punto y oloroso café humeante.»[99]

Los dispositivos técnicos no sólo reemplazan la figura del ama de casa, sino que también ayudan al seductor en serie a eliminar todas las huellas de las mujeres que visitan su ático. Así, el lavavajillas es práctico porque no hace ruido, sin duda, pero también porque borra «el rastro del carmín en los vasos» de la noche anterior.[100] Como la mampara corredera de la cocina, las invitadas funcionan para el soltero según el mismo principio: ahora puedes verla, ahora desaparece de tu vista.

Playboy entendió el proceso de transformación del espacio doméstico privado de la cocina en sala de exposiciones abierta al público (proceso presente también en la arquitectura americana de la década de los cincuenta) como el resultado directo de la transformación de la cocina en territorio exclusivamente masculino. Aquí la mujer pasaba de ser protagonista de la escena culinaria a convertirse en espectadora de un teatro de la masculinidad. Respecto al usuario masculino de «radiantes tostadores, hervidores y barbacoas», *Playboy* vaticinaba: «Estamos dispuestos a apostar a que el manejo de este utensilio y la posibilidad de observar a través de la campana un filete haciéndose se convertirá para su invitada en un espectáculo capaz de rivalizar con el mejor programa de televisión. Y al mando estará usted.»[101] Como si, para *Playboy*, la campana trans-

99. *Playboy*, octubre de 1956, p. 70.
100. *Playboy*, septiembre de 1956, p. 60.
101. *Ibid.*

parente de la parrilla (réplica del apartamento, con sus ventanales transparentes y espacios sin tabiques) imitara a su vez la estructura visual del aparato de televisión o el escaparate de una tienda. Tanto la parrilla como el apartamento de soltero funcionan como mecanismos de exhibición que ofrecían a la mirada el objeto de deseo (la carne asada, la piel de la joven visitante del apartamento), produciendo una ficción de realismo y proximidad, pero preservando al mismo tiempo al espectador del contacto directo.

Si la mujer podía visitar el apartamento, ocupar la cama por una noche o ser espectadora de un virtuoso ejercicio culinario en la cocina, había, sin embargo, dos espacios del ático cuya privacidad era sagrada y a los que ninguna mujer debía tener acceso: el estudio, «sanctasanctórum al que rara vez se invita a pasar a las mujeres», y el lavabo, que incluye «retrete, bidé, revistero, cenicero y teléfono», que *Playboy* describe a la inglesa como «el trono del soltero»: el refugio definitivo, donde el soltero-rey «puede aislarse de todo lo que lo rodea».[102] La definitiva privatización del cerebro y del ano masculinos, materializados en los espacios del estudio y el retrete, señala los límites del diseño corporal del playboy: mientras que sus ojos, manos y pene están consagrados a la maximización del placer sexual, y por tanto sometidos a un proceso constante de publicitación, la razón y el ano, como facultades masculinas superiores, deben ser protegidos de las amenazas de la feminización y de la homosexualidad. Estudio y retrete, cerebro y ano masculinos, son los únicos enclaves que escaparán al proceso de publicitación y exhibición que se extiende, por lo demás, a la totalidad de lo doméstico.

102. *Playboy*, octubre de 1956, p. 70.

Dar la espalda a los vestidos de cristal: la fabricación de Vikki Dougan

Los dispositivos mecánicos del ático de soltero no sólo eran objetos que permitían operar vuelcos y rotaciones. El mismo mecanismo rotativo que permitía horizontalizar el sofá Borsini, girar la cama redonda 360 grados o transformar la cocina en teatro, intervino en la producción de una de las más famosas *playmates* de la década de 1950, conocida como «The Back». En junio de 1957, *Playboy* publicó las fotografías que Sam Baker había tomado de la espalda desnuda de Vikki Dougan.[103] Un mes después, la revista dedicó tres páginas a la historia de la nueva y sensacional *playmate:* «En el banquete por la entrega de los premios de la Asociación de la Prensa Extranjera de Hollywood, en 1957, Vikki se presentó con un traje que tenía una escotadura que no sólo dejaba al desnudo su espalda, sino también una parte de su trasero: el corte dejaba al descubierto unos cuantos sorprendentes centímetros de su anatomía posterior. Los ojos de los hombres parecían querer salirse de sus órbitas, como los flashes de United Press, que capturaron a Vikki con su retaguardia bajada y enviaron una fascinante imagen que hubo de ser cuidadosamente reenmarcada para su publicación en los periódicos.»[104]

En este artículo, Dougan denunciaba la hipocresía de lo que llamaba, recogiendo una expresión que bien podría aplicarse a la arquitectura moderna, «la gente con trajes de

103. Antes de ser una *playmate*, Dougan era conocida por su actuación, en 1956, en la película *The Great Man*, de José Ferrer (Universal), en la que interpretaba a «la recepcionista de la televisión que "protagonizó una salida sonada" del piso de Keenan Wynn».

104. *Playboy*, julio de 1957, p. 60.

cristal», en lo que suponía una crítica a las modelos que posaban vestidas con tejidos transparentes –la manera habitual de mostrar desnudos femeninos en los dibujos *pin-ups* de George Petty o Alberto Vargas–. Dougan abogaba por otra manera de mostrar y ocultar el cuerpo femenino. Aparecía retratada llevando un vestido de tela opaca pero que mostraba ante la mirada pública no ya el escote, sino su revés, algo que *Playboy* denominaba «salvaje». De este modo, una vez seleccionadas, fotografiadas y recuadradas las «partes ocultas» de Dougan, se puso en marcha el proceso metonímico: Dougan se convirtió en «La Espalda».

Que fuera posible «ver las cosas por detrás» no sólo era un consuelo para mujeres como Vikki Dougan, que, según la revista, «no eran pechugonas»:[105] dar la vuelta a una chica con poco pecho para descubrir su espalda suponía otro de esos giros, otra de esas rotaciones con las que *Playboy* invertía las leyes de la mirada. Lo que estaba detrás pasaba a estar delante, exactamente como, mediante las cámaras de televisión, los cuartos «privados» de la casa de Hefner se convertían en espacios públicos y lo que estaba escondido quedaba expuesto y todo ello sin necesidad de «vestidos de cristal» (es decir, sin ventanas o fachadas transparentes). Como con las fotos enmarcadas de la espalda de Dougan, la visibilidad de la Mansión se podía regular mediante una selección ajustada de las imágenes, para adecuarla a la mirada del público. De hecho, Hefner utilizó su programa de televisión para «centrar» la atención y «abrir» a la mirada del público algunas de las escenas montadas y publicadas originalmente en la revista, ofreciendo así lo que él mismo llamaba (con una expresión que ponía el acento en la producción de lo «privado») «una vista

105. *Playboy*, julio de 1957, p. 61.

tras los bastidores de la revista más sofisticada de Estados Unidos».[106] El dispositivo multimedia desplegado por la Mansión Playboy garantizaba la interacción entre la casa, la revista y el programa de televisión.

Al igual que la cama giratoria, utilizada literalmente como un tablero en el que Hefner jugaba con las piezas de las diversas imágenes que compondrían la revista, el lenguaje pornográfico creado por *Playboy* puede ser pensado como un plano horizontal, una cuadrícula ideal donde todos los fragmentos corporales capturados por los múltiples sistemas de registro técnico pueden relacionarse entre sí, como en una variación porno del sistema estructural saussureano. En ese plano horizontal, un órgano específico, debidamente recuadrado, remitía siempre a otro por homología o por diferencia. Así, la espalda de Dougan no sólo entablaba una «relación intercambiable» con el busto de otra notable *playmate*, June Wilkinson, sino que el cabello rubio y el rostro sonriente de la aún desconocida chica de al lado Stella Stevens se relacionaba por analogía con los de Marilyn Monroe y Kim Novak. El espacio bidimensional de la fotografía, que facilita el corte, el recuadre y la combinación al infinito de diferentes partes del cuerpo, y las futuras técnicas de photoshop acentuarán esta abstracta economía visual. Se trata de un espacio que se extiende por igual e indefinidamente hacia el pasado y el futuro, abarcando a todas las mujeres (aquí ser mujer significa simplemente ser signo visual) que han existido y las que existirán algún día. En ese plano analógico, algún fragmento de la futura chica de al lado, por inocente o poco agraciada que sea, ya está relacionado de forma abstracta y atemporal con algún otro rasgo de Brigitte Bardot o Paris Hilton.

106. *Playboy*, enero de 1960, p. 47.

Es más, en este tablero de ajedrez visual, la misma Bardot queda reducida a una elegante fórmula combinatoria en la que intervienen Gina Lollobrigida, Jayne Mansfield, Anita Ekberg e incluso la futura Vanessa Paradis.

Como demuestra el apareamiento virtual de «La Espalda» y «El Busto», el dispositivo giratorio establece relaciones entre parejas de objetos o de partes corporales que no necesariamente pertenecen a una misma propietaria, exactamente como el montaje pornográfico separa manos, bocas y genitales de sus diferentes orígenes para reconfigurarlos en el marco de una narración sexual. La transformación de Dougan en «La Espalda» ilustra la estrategia de composición múltiple que da cuenta no sólo de la elaboración de las *playmates*, sino también de la construcción del lugar que ocuparán después en la Mansión Playboy.

6. ARQUITECTURA «PIN-UP»

Durante finales de los cincuenta y principios de los sesenta sólo otro reportaje consiguió tanta popularidad entre los lectores de la revista *Playboy* como los desnudos de *playmates:* el desplegable del segundo reportaje dedicado de nuevo al ático urbano de soltero publicado en 1959.[107] Los castos dibujos en acuarelas del apartamento generan la misma fascinación que los desnudos de Marilyn Monroe o de Betty Page porque ambos dependen de la misma economía visual y de consumo del striptease. El espacio interior del apartamento se despliega ante el lector como antes se había desplegado el cuerpo de las *pin-ups*. Aquí, la acción de pasar las páginas abre y cierra puertas y ventanas, atraviesa muros y crea transparencias, invitando a un viaje incesante de lo privado a lo público.

Tras el éxito del reportaje del inventado ático urbano para soltero publicado en 1959, *Playboy* decide mostrar a través de la fotografía los interiores de un espacio físico al

---

107. Tras la publicación de este artículo, las oficinas Playboy recibieron centenares de cartas de admiradores del proyecto que querían saber dónde podían procurarse los objetos y muebles del piso.

que denomina por primera vez «casa Playboy». En mayo de 1959 se publica un fotorreportaje de diez páginas en color realizado por Bunny Yeager dedicadas al interior de la casa de soltero de Harold Chaskin, un amigo de Hefner, en Biscayne Bay, Miami.[108] Ya no se da importancia a los muebles. Aquí el centro de la representación es la arquitectura de la casa de Chaskin y la vida que ésta permite. De paso, el artículo se convierte en un publirreportaje para mostrar las baldosas que el propio Chaskin produce en su fábrica de Florida. Y en la casa de Chaskin las baldosas lo cubren todo: baños, terrazas, solárium, piscinas... La utilización de las baldosas desde los espacios interiores (baños y piscina) hasta los exteriores (solárium o terrazas) establece una superficie homogénea y continua que rompe las distinciones entre dentro y fuera de casa, transformando el todo en un interior aclimatado (con independencia de si el clima es natural o generado por aire acondicionado).

«El centro de la casa», dice el artículo, «es una piscina interior con un tejado retractable y una pared corredera que permite conectar con el salón y que al abrirse transforma el área en una zona de juegos.»[109] Las fotografías de la piscina interior de Chaskin realizadas por Yeager son una *mise-en-abîme* de los dispositivos (tanto arquitectónicos como fotográficos) de producción de un interior visible. La piscina, situada dentro del salón y dotada de paredes transparentes, permite a los visitantes de la casa observar sin mojarse los cuerpos que nadan semidesnudos en el agua.[110] Los invitados se asoman a una ventana que

108. *Playboy*, mayo de 1959, pp. 50-60.
109. *Ibid.*, p. 54.
110. Gretchen Edgren, *Inside the Playboy Mansion, op. cit.*, p. 8.

funciona como un *peep-show* casero. Curiosamente, no da acceso al exterior, sino que permite observar otro interior: el alicatado con baldosines azules de la piscina y sus chicas desnudas. En el solárium, un cristal con cobertura de espejo permite a los habitantes de la casa observar sin ser vistos a aquellos que toman el sol en el exterior. El mismo consumo especular se repite en el caso de los lectores de la revista, que miran sin mojarse y observan sin ser vistos.

Quizás porque Estados Unidos había comenzado a dejar atrás la «caza de brujas» contra comunistas y homosexuales del macarthismo, o quizás como efecto rebote de esas mismas políticas represivas, en 1959 la tirada del reportaje de la casa de Chaskin de *Playboy* alcanzó el millón de ejemplares vendidos, superando por primera vez a *Esquire*. El éxito del reportaje de las fotografías del interior de la casa de Chaskin convenció a Hefner de que nada era tan atractivo para el lector de *Playboy* como acceder virtualmente al interior íntimo y privado de una verdadera casa. Así se reactivó el programa de exhibición de su propio apartamento que Hefner había puesto en marcha en las páginas del *Chicago Daily News* en 1952: nada sería tan excitante como mostrar el apartamento de Mr. Hefner en persona.

A la vuelta de Miami, Hefner decidió construir una casa en Chicago siguiendo, a pesar de las diferencias climáticas, el modelo de la casa de Florida de Chaskin. Compró un terreno en el número 28 de Bellevue East de Chicago y contrató al arquitecto Donald Jaye para llevar a cabo la reconstrucción y rediseñar el interior de la casa con varios niveles alrededor de una piscina central.[111] Mientras tanto,

111. Russell Miller, *Bunny, op. cit.*, p. 76.

las influencias cruzadas de la mafia y de la Iglesia católica de Chicago impedirán a Hefner instalarse entre las venerables y burguesas residencias de East Bellevue.[112] Aunque la casa no llegó a construirse, *Playboy* publicó los diseños en uno de los reportajes más famosos de la época en mayo de 1962 (véanse imágenes 6, 7 y 8). El artículo, ilustrado en color con los dibujos de Donald Jaye, muestra la fachada, una sección y varios detalles del interior. Por primera vez, la arquitectura interior no era utilizada como mero decorado para un reportaje más o menos pornográfico. Aquí ni siquiera era necesaria la presencia de chicas desnudas. El desnudo espacio interior se había convertido en el objeto pornográfico por excelencia.

El edificio de tres plantas de aspecto casi caricaturalmente moderno, diseñado para ser construido con muros de cemento y fachada de cristal transparente, aparece encastrado entre dos casas tradicionales del Chicago del principios de siglo, produciendo un emparedado no sólo de estilos arquitectónicos, sino también de formas de visibilidad y de modos de acceso a la interioridad. Lo que más llama la atención es la oposición entre la opacidad de las casas adyacentes y la transparencia del diseño de Donald Jaye. Por si las fachadas de cristal fueran poco, un conjunto de focos exteriores parece alumbrar la casa durante la noche, haciendo aún más visible el interior. La segunda planta, que acoge una sala de estar con una escalera de caracol, está totalmente expuesta a la mirada exterior. También puede verse desde la calle el interior de la planta baja, donde aparece aparcado un Porsche azul.

112. Las relaciones entre Hefner y la mafia de Chicago no quedan claras. Hay diferentes versiones al respecto, tanto en las diversas biografías del editor como entre las historias que circulaban en el imperio Playboy.

Entre el mobiliario, el elemento que causó más sensación en los lectores de *Playboy* fue la cama redonda, giratoria y móvil, equipada, como ya lo estaba la del imaginario ático de 1956, con un panel de control, teléfono, radio, bar y mesilla de noche.[113] La sección del edificio revela que la casa está simétricamente dividida por un gran espacio abierto central, en cuya base se encuentra una piscina de forma irregular, más bien una cueva, como si la casa se alzara sobre el borde mismo de una fuente de agua. Aunque las habitaciones son idénticas, como dispuestas a acoger escenas repetitivas y simultáneas en numerosos rincones (la misma sala de estar, con sus butacas Eames, aparece reproducida tres veces), el corte franco operado por la piscina entre las partes frontal y posterior de la casa funciona como espacio de giro e intercambio y modifica la naturaleza del conjunto. De hecho, esta cesura refuerza la dualidad de los hábitos del playboy, al articular una transición entre el trabajo y el ocio, lo vestido y lo desnudo, las visitas profesionales y los encuentros sexuales. Aquí, la piscina funciona a la vez como dispositivo de rotación, que facilita que el playboy se desplace de la parte delantera a la parte posterior de la casa, y como frontera líquida que separa dos «escenarios» distintos, capaces de acoger situaciones diferentes (incluso incompatibles). La estructura dual de la casa, como sugiere el anuncio del Porsche, «permite que el playboy lleve una doble vida».

El corte vertical nos muestra una estructura biseccionada, la casa ha sido simétricamente dividida por una pis-

113. Un estudio más detallado de los planos y la sección permite pensar que la cama giratoria pudo haberse añadido posteriormente, quizás después de que la cama personal de Hefner fuera construida. *Playboy*, junio de 1962. Véase también *Chicago Daily News*, 23 de septiembre de 1959.

cina que parece conectar la casa con un manantial subterráneo. Como veremos, las diferentes casas Playboy, en la más pura tradición utópica, como la platónica Atlantis o las islas de Tomás Moro, se asientan sobre fundaciones acuosas. En este caso, la piscina parece al mismo tiempo conectar y separar dos casas vecinas pero no adosadas, dos espacios de naturaleza diversa, cuyo programa doble parece facilitar la camaleónica vida del playboy, que, como un Sísifo moderno encerrado en su propio espacio doméstico, está condenado a pasar incesantemente de una a otra.

Pero la casa representada por los dibujos de Donald Jaye no era un proyecto futuro, sino una utopía, sin tiempo y sin lugar. En 1962, cuando se publica el artículo, Hefner está viviendo ya en la Mansión Playboy, un enorme edificio restaurado que, al menos exteriormente, nada tenía que ver con los diseños de cemento y cristal imaginados para el playboy urbano.

7. LA MANSIÓN PLAYBOY: LA INVENCIÓN DEL BURDEL MULTIMEDIA

El periodo de expansión global del capitalismo que siguió a la Segunda Guerra Mundial fue para Estados Unidos una bacanal de consumo, drogas e información. La economía de guerra que había conducido en Europa hasta el Tercer Reich y los campos de exterminio y en Estados Unidos hasta la bomba atómica, se había transformado en una economía de superconsumo. La sociedad norteamericana, confortablemente sentada en los salones de sus casas suburbanas, veía la tele mientras se comía los derivados de las tecnologías bélicas. La seguridad de la nueva vida que el capitalismo prometía residía en una pareja reproductiva, la propiedad privada de un recinto unifamiliar, un poco de césped, un interior doméstico con aire acondicionado, insecticidas, latas de conservas, plásticos, y un automóvil para desplazarse hasta las zonas comerciales.

Al analizar este periodo, Kristin Ross define como «privatización» el proceso por el que «las nuevas clases medias se replegaron en sus confortables interiores domésticos, cocinas eléctricas, recintos privados para automóviles; todo un mundo interior moldeado por una nueva concepción de la vida conyugal, una ideología de la felicidad ba-

111

sada en la nueva unidad de consumo de la clase media: la pareja, y la despolitización como respuesta al creciente control burocrático de la vida cotidiana».[114] Es cierto que los esfuerzos de *Playboy* por reformular el espacio interior podrían interpretarse como parte de este proceso de privatización; sin embargo, sus finalidades y estrategias, paradójicamente, tienen muy poco que ver con esta noción de privacidad. Las fantasías de áticos urbanos y las mansiones Playboy representarán una alternativa radical a la vivienda unifamiliar de la década de 1950. Frente a la casa heterosexual como espacio reproductivo, *Playboy* va a dibujar una ficción erótica capaz de funcionar al mismo tiempo como domicilio y como centro de producción. Estos espacios Playboy no serán simples enclaves domésticos, sino espacios transaccionales en los que se operan mutaciones que llevarán desde el espacio doméstico tradicional que dominaba a principios del siglo XX hasta una nueva posdomesticidad característica de la era farmacopornográfica: un nuevo régimen de vida a la vez público y doméstico, hogareño y espectacular, íntimo y sobreexpuesto. Los espacios Playboy serán el síntoma del desplazamiento desde los interiores característicos de la modernidad disciplinaria (espacio doméstico, colegio, prisión, hospital, etc.) como cápsulas de producción de la subjetividad, hacia un nuevo tipo de interioridad posdisciplinaria.

Playboy y sus enclaves de invención de placer y subjetividad son cruciales en la transformación del régimen disciplinario en farmacopornográfico. El capitalismo farmacopornográfico podría definirse como un nuevo régimen

114. Kristin Ross, *Fast Cars, Clean Bodies: Decolonization and the Reordering of French Culture,* The MIT Press, Cambridge, Massachusetts, 1995, p. 11.

de control del cuerpo y de producción de la subjetividad que emerge tras la Segunda Guerra Mundial, con la aparición de nuevos materiales sintéticos para el consumo y la reconstrucción corporal (como los plásticos y la silicona), la comercialización farmacológica de sustancias endocrinas para separar heterosexualidad y reproducción (como la píldora anticonceptiva, inventada en 1947) y la transformación de la pornografía en cultura de masas. Este capitalismo caliente difiere radicalmente del capitalismo puritano del siglo XIX que Foucault había caracterizado como disciplinario: las premisas de penalización de toda actividad sexual que no tenga fines reproductivos y de la masturbación se han visto sustituidas por la obtención de capital a través de la regulación de la reproducción y de la incitación a la masturbación multimedia a escala global. A este capitalismo le interesan los cuerpos y sus placeres, saca beneficio del carácter politoxicómano y compulsivamente masturbatorio de la subjetividad moderna.[115]

La Segunda Guerra Mundial, la extensión de la violencia como cultura del cuerpo y las transformaciones biotecnológicas habían contribuido a desarticular la red de percepciones y afectos que constituían el sujeto disciplinario. Sobre esta subjetividad maltrecha y postraumática vendrá a injertarse una nueva red sensorial y emocional facilitada por la economía de consumo y la cultura del ocio y el entretenimiento. La mutación farmacopornográfica comienza en el salón de cada casa.

Pronto, en medio de una guerra que cada vez parecía menos fría, el interior de la casa de Hugh Hefner atraerá

---

115. Para una definición más detallada del régimen farmacopornográfico véase Beatriz Preciado, *Testo Yonqui. Sexo, drogas y biopolítica.* Espasa Calpe, Madrid, 2008.

una atención mediática sin precedentes. Exteriormente, nadie hubiera distinguido la Mansión Playboy entre otras casas señoriales del Gold Coast de Chicago de no ser porque la revista *Playboy* había abierto sus puertas a la mirada americana. Tras el frontispicio convencional de un edificio decimonónico se escondía el mayor polvorín sexual del mundo, o al menos eso era lo que la revista *Playboy* aseguraba.

En diciembre de 1959, Hefner compró una mansión señorial, de ladrillo y piedra, en el 1340 de North State Parkway, en el Gold Coast de Chicago, no lejos del lago Michigan. La casa había sido construida en 1899 por el arquitecto James Gamble Rogers, conocido por haber diseñado numerosos edificios institucionales, como la Universidades de Yale o Columbia, a finales del siglo XIX, imitando las construcciones góticas europeas, utilizando acero recubierto de molduras y tratando la piedra con ácido para envejecerla. Pensada primero como edificio institucional y centro cívico, la casa, que había llevado hasta entonces el nombre de George S. Isham, había sido el centro de una vida social intensa a comienzos del siglo XX. Durante la Gran Depresión fue transformada en condominio de pisos, pero la segunda planta conservó su estructura para uso público, con su gran chimenea de mármol, salón de baile y cocina de hotel. Hefner decidió reformar sus casi 1.800 m² y presentar la antigua casa en las páginas de la revista *Playboy* convertida no ya en un ático sino en un auténtico castillo urbano de soltero.

Los costes de las obras (3 millones de dólares) superaron con creces el precio de compra de la casa. Resulta interesante que, a diferencia de lo previsto en el diseño de Donald Jay para la primera casa Playboy, Hefner decidiera no tocar la fachada, que permaneció idéntica a la original.

Los dispositivos de visibilización del interior previstos por Hefner era más sutiles y sofisticados que la fachada moderna de cristal transparente que los diseños de Mies van der Rohe habían popularizado en América. La revista, la televisión y el cine se convertirían en auténticas ventanas multimedia a través de las que acceder a la privacidad de la Mansión. Una vez más, Playboy ponía de manifiesto que lo específicamente moderno no era tanto la estética del cristal y el cemento como el despliegue de lo privado a través de los medios de comunicación.[116]

Dejando intacta la fachada, los trabajos de renovación afectaron sobre todo a la estructura interna del edificio. El garaje situado en el sótano, con capacidad para seis automóviles, se convirtió en una piscina (a pesar de que Hefner no sabía nadar) y un «cuarto subacuático»: un acuario humano parecido al que Hefner había descubierto en la casa de Chaskin en Miami (véase imagen 17). En febrero de 1960, Hefner inauguró un club Playboy a pocas manzanas de su nueva casa: entre ambos espacios circulaban docenas de «conejitas» que trabajaban como acompañantes, actrices o camareras. Cuando concluyeron las obras de renovación, la casa se había convertido en un conjunto arquitectónico multimedia, en una nueva máquina de producción de información, placer y subjetividad.

En la segunda planta de la Mansión, el salón sin ventanas de casi cien metros cuadrados, con sus paredes revestidas de opacas láminas de madera de cedro y pesadas molduras, en apariencia poco modernas, fue transformado en una sala de fiestas y proyecciones. La relación entre interior y exterior había sido invertida. Aquel salón era mo-

---

116. Véase Beatriz Colomina, *Privacy and Publicity. Modern Architecture as Mass Media, op. cit.*

derno sin necesidad de ventanas ni transparencias. En su lugar, las paredes estaban cubiertas de dispositivos de filmación y proyección multimedia. Ésas eran las auténticas aberturas de la Mansión. El opaco y ultraconectado salón era el foro de las famosas fiestas de Hefner, los viernes por la noche. El salón sirvió también como modelo para diseñar el plató donde se rodaría el programa de televisión *Playboy's Penthouse,* que comenzó a emitirse en octubre de 1959 en el Canal 7 de WBKB Chicago. El estudio de rodaje simulaba con detalle el decorado interior de la Mansión: la sala de baile, la chimenea, el acuario tropical e incluso una librería giratoria que se convertía en bar. El concepto televisivo fue obra de dos productores independientes de Chicago, quienes habían propuesto a Hefner la idea de presentar en televisión el modo de vida de *Playboy.* El escenario había de ser su espacio de soltero, «el paraíso con el que sueña cualquier hombre, un lugar para organizar fiestas, lleno de chicas bonitas y celebridades del showbusiness». El presentador del programa no podía ser otro que el propio habitante de la casa, Hugh Hefner, que pasaba una amena velada íntima junto con sus amigos, aunque la velada se rodaba a cualquier hora del día y los amigos íntimos eran cuidadosamente seleccionados entre estrellas del jazz y del cine de la época. *Playboy Penthouse* se emitió durante veintiséis semanas, pero no logró dar el salto de la cadena local de Chicago a las cadenas nacionales. Las cualidades de actor de Hefner no eran excepcionales y la participación en el programa de varios cantantes y músicos afroamericanos, algo poco habitual en los programas de la época, en un contexto de *apartheid* audiovisual, no facilitó su difusión nacional.[117] Sin embargo, esta pequeña expe-

117. Steven Watts, *Mr Playboy, op. cit.,* p. 194.

riencia sirvió para convencer a Hefner de la importancia que en el futuro tendría la proyección de *Playboy* por vía televisiva.[118] Entre 1969 y 1970, el director de *Playboy* volvió a los platós con un nuevo programa, producido por el canal CBS, *Playboy After Dark*, que con un formato muy similar representaba las fiestas «privadas» del propio Hefner en su apartamento de soltero de Los Ángeles.

La tercera planta de la Mansión fue reconstruida para albergar el dormitorio y habitación central de Hefner, con su mítica cama giratoria y sus conexiones multimedia que permitían al director de *Playboy* estar al corriente de cualquier cosa que ocurriera en cualquier otro lugar de la casa o de las oficinas de la revista sin necesidad de abandonar sus aposentos. En ese mismo piso y en la cuarta planta se distribuían una serie de habitaciones a las que raramente accedían los invitados a las fiestas y que, sin embargo, estaban habitadas. Las fiestas de la Mansión, sus excesos, su música, sus chicas y sus juegos sexuales eran objeto de reportajes y publicaciones constantes no sólo por parte de la revista *Playboy*, sino también de otros medios, de modo que aquel anónimo edificio de Chicago pronto se convertiría en el teatro sexopolítico más controvertido de toda Norteamérica.

El complejo mediático-inmobiliario creado por la revista, la Mansión, el club y los programas de televisión a

118. Como continuación de este esfuerzo por penetrar audiovisualmente en la cultura popular, en 1962 Gordon Sheppard realiza el documental *The Most*, presentando a Hefner como un «activista sexual y un rebelde», responsable de la liberación de la mujer, de los derechos de los homosexuales y de la integración racial en Estados Unidos. Hefner intentará también, aunque sin éxito, producir una película de ficción sobre su propia vida con Tony Curtis en el papel de director de *Playboy*, pero tras problemas de dirección y contenido renunciará al proyecto. Véase Steven Watts, *Mr Playboy*, *op. cit.*, pp. 163-165.

finales de los años cincuenta y principios de los sesenta y su capacidad para poner en marcha un circuito de producción espacio-sexo-imagen-capital a escala global hacía que aquel entramado ya no pudiera considerarse simplemente «el ático de soltero más grande del mundo». La Mansión y sus extensiones mediáticas funcionaba como una verdadera industria de producción audiovisual: *Playboy* había creado una singular *pornotopía:* el primer burdel multimedia de la historia.

¿Qué es una pornotopía?

Como parte de la historia de los procesos de espacialización del conocimiento y del poder que había iniciado en *Las palabras y las cosas*, Foucault acuña en 1967 el concepto de «heterotopía».[119] Este término, que se opone tanto a la *u-topía* (sin lugar) como a la *eu-topía* (buen lugar), indica un *espacio otro*, «un lugar real en el que se yuxtaponen diferentes espacios incompatibles»,[120] produciendo brechas en las formas tradicionales de espacialización del poder y del conocimiento en una sociedad determinada. La heterotopía altera las relaciones habituales entre forma y función, proyecta, por ejemplo, un espacio tridimensional en

---

119. El texto, hoy clásico, no fue autorizado por Foucault para ser publicado hasta 1984, poco antes de su muerte, en un catálogo de la exposición «Idées, Processus, Résultat», dedicada a pensar la reconstrucción de Berlín en el Martin Gropius Bau. Véase Daniel Defert, «Hétérotopie: Tribulations d'un concept. Entre Venise, Berlin et Los Angeles», postfacio en Michel Foucault, *Le Corps utopique, Les Hétérotopies*, Lignes, París, 2009, pp. 28-29.
120. Michel Foucault, *Le Corps utopique*, *op. cit.*, pp. 28-29.

uno bidimensional, como en el cine, yuxtapone un lugar donde uno está y no está al mismo tiempo, como en el espejo o en el cementerio; las heterotopías son lugares provisorios, como el viaje de novios, o espacio-tiempos acumulativos, que superponen y contienen otras temporalidades y otros espacios, como la biblioteca y el museo, o auténticas utopías económicas localizadas, como la colonia en relación con la Europa del siglo XVI. En rupturas con los espacios tradicionales, las heterotopías son «contra-espacios», zonas de paso o de reposo, lugares donde se suspenden las normas morales que rigen todo otro lugar, una suerte de «utopías localizadas» que han encontrado un lugar provisional o un puerto de excepción. Foucault distingue las «heterotopías de crisis», destinadas a acoger procesos de cambio biológico, o, mejor, biopolítico, como la pubertad, la llegada de la regla o la vejez, y las «heterotopías de la desviación», «lugares que la sociedad sitúa en sus márgenes, en las zonas vacías que la rodean, reservados a individuos cuyo comportamiento es desviante con respecto a la media o a la norma exigida»,[121] entre los que Foucault menciona el psiquiátrico o la prisión. En esta «heterotopología», más una descripción genealógica sistemática de estos espacios-otros que una ciencia, Foucault nombra por primera vez la extraña cualidad espaciotemporal de los burdeles, que «tienen la capacidad de disipar la realidad con la única fuerza de la ilusión»[122] y que, junto a la colonia, el autor de *Vigilar y castigar* considera «los tipos más extremos de heterotopía».[123]

121. Michel Foucault, *Le Corps utopique...*, *op. cit.*, pp. 26-27.
122. *Ibid.*, p. 35.
123. *Ibid.*, p. 27. Se refiere además a los intentos de abolición de las *maisons closes*, como ejemplos de lo que denomina el «segundo princi-

Siguiendo el trabajo de esta heterotopología comenzada por Foucault, podemos afirmar que el complejo mediático que se extendía en torno a la Mansión Playboy funcionaba como una «pornotopía», una singular heterotopía sexual propia del tardocapitalismo de las sociedades de superconsumo de la guerra fría.

Lo que caracteriza a la pornotopía es su capacidad de establecer relaciones singulares entre espacio, sexualidad, placer y tecnología (audiovisual, bioquímica, etc.), alterando las convenciones sexuales o de género y produciendo la subjetividad sexual como un derivado de sus operaciones espaciales. Por supuesto, es pornotópico el burdel, contra-espacio característico de las sociedades disciplinarias capaz de crear una ficción teatralizada de la sexualidad que se opone, al intercalar un contrato económico como base del intercambio, al mismo tiempo a la celda célibe y a la habitación conyugal. Pero hay también *pornotopías de proliferación extensa* que se afirman como un territorio con sus propios códigos, leyes y hábitos, como los barrios chinos, la «milla pecadora» de Hamburgo, los canales de Ámsterdam, los hoteles de prostitución de Nevada o el Strip de Las Vegas; y *pornotopías localizadas,* como las cabinas porno, los *peep-shows,* los clubs de intercambio de parejas, los *dungeons* sadomasoquistas, los *love hotel* japoneses..., incluso aquellas que se dejan entrever a través de los anuncios de periódico o que, sin otra ubicación que la virtual, existen en y a través de los espacios cibernéticos. Hay también *pornotopías de restricción* como la prisión, el colegio o el hospital, la celda célibe, el convento, todas ellas gene-

---

pio heterotópico»: «En el curso de la historia, cualquier sociedad puede perfectamente reabsorber o hacer desaparecer una heterotopía que había creado anteriormente.»

rando sus propias pornotopías derivadas, como reservas parciales de energía libidinal: los baños y las duchas, el apartamento del «amante», los vestuarios, la habitación de hotel... Hay *pornotopías de transición* como la habitación de noche de bodas, el viaje de luna de miel o las generadas por el turismo sexual. Hay también *pornotopías subalternas* como las que se crean cuando una minoría disidente logra atravesar el tejido sexopolítico y económico urbano dominante y hacerse visible como sucede en los barrios gays del Village de Nueva York, West Hollywood en Los Ángeles o Le Marais en París. Hay *pornotopías de resistencia* que escenifican en el espacio público de la ciudad, como si se tratara de un improvisado teatro, lógicas y subjetividades sexuales habitualmente no visibles en la cartografía de lo urbano, como la manifestación del día del orgullo gay, lesbiano, transgénero y transexual, o la manifestación de trabajadoras sexuales o las performances de *Kiss-in* o *Die-in* protagonizadas por grupos activistas como Act Up o Lesbian Avangers...Todas ellas constituyen brechas en la topografía sexual de la ciudad, alteraciones en los modos normativos de codificar el género y la sexualidad, las prácticas del cuerpo y los rituales de producción de placer.

Sade en América

Las pornotopías ni se crean ni se destruyen completamente, sino que, como burbujas espaciotemporales o islotes biopolíticos en un mar de signos, emergen en un contexto histórico preciso activando metáforas, lugares y relaciones económicas preexistentes, pero singularizadas por tecnologías del cuerpo y de la representación que van mutando. La Mansión Playboy y sus derivados espaciomediáticos no eran simplemente el fruto de la imaginación de Hefner. El complejo mediático-inmobiliario creado por la revista, las mansiones, los hoteles, clubs y agencias de viajes, vídeos y canales televisivos de Playboy podría entenderse como la última recreación de las utopías sexuales revolucionarias diseñadas, entre otros, por Sade y Claude-Nicolas Ledoux en el siglo XVIII francés, trasladadas ahora al singular e inesperado contexto del capitalismo tardío norteamericano y bajo la influencia de los medios de comunicación de masas y de la arquitectura del espectáculo. A pesar de las diferencias entre el látigo y la cola de conejo de algodón, Hefner había llevado a Sade hasta América.

El historiador de la arquitectura Anthony Vidler analizó el interés de los arquitectos y pensadores del periodo inmediatamente pre-revolucionario francés por diseñar un programa de «establecimientos públicos de lujuria», «casas de placer» y «burdeles estatales» como instituciones concebidas, según los ideales ilustrados, para proteger a la sociedad de los apasionados y caóticos deseos del pueblo, ofreciendo medios institucionales regulados donde saciar sus impulsos carnales.[124] Los arquitectos Claude-Nicolas Ledoux y Jean-Jacques Lequeu y el escritor Sade, entre otros, diseñaron diversos proyectos para «institucionalizar la lujuria», en los que transformar el trabajo sexual en funcionariado. Ledoux, por ejemplo, realizó varias propuestas para construir una «Casa del Placer» *(Maison du Plaisir)* en París y un burdel estatal llamado Oikèma en las salinas de Chaux. Sade, por su parte, describió a través de la literatura un entramado de espacios para la teatralización del placer y el dolor.

---

124. Anthony Vidler, «Asilos del libertinaje. Sade, Fourier, Lequeu», en *El espacio de la Ilustración* (1987), Alianza, Madrid, 1997.

Anthony Vidler propone leer a Sade como un arquitecto-escritor cuyo método de proyección y diseño era el lenguaje y que, entre 1803 y 1814, llegó a realizar una propuesta arquitectónica para dotar a la ciudad de París de una red de 37 casas de prostitución legalizadas. Del mismo modo que los medios de comunicación (revista, cine, vídeo, televisión...) funcionan dos siglos después en *Playboy* como notación arquitectónica, en Sade la literatura detalla las normas de edificación: la planta, la secuencia de espacios, el mobiliario, el decorado, las medidas exactas de la sección y del trazado. Tanto La Casa del Placer y el Oikèma,[125] pensados por Ledoux como megaburdeles urbanos de gestión estatal, como los proyectos de Sade se asemejan en su diseño formal a las arquitecturas institucionales de encierro de la época, a los diseños, por ejemplo, de hospitales, sin que sea posible discernir su función sexual a partir de su alzado exterior.[126] Para Vidler, tras la aparente oposición al orden establecido, se esconde, con frecuencia, una continuidad con los proyectos dominantes en la arquitectura de la Ilustración.[127] Más aún, Vidler, si-

---

125. Véase Claude-Nicolas Ledoux, *L'Architecture,* edición de Daniel Ramée, París, 1847, láminas 238-239, sobre Oikèma, véanse las láminas 103-104.

126. En el caso Oikèma de Ledoux, sólo el dibujo de la planta revela una forma fálica, que en todo caso el usuario no podría jamás detectar ni a través de la mirada ni a través del uso. Estos proyectos son ignorados en las historias tradicionales de la arquitectura. Algunas excepciones son los análisis llevados a cabo por Paulette Singley, «The Anamorphic Phallus within Ledoux's Dismembered Plan of Chaux», *Journal of Architectural Education,* vol. 46, n.º 3, febrero de 1993, pp. 176-188; Jean-Claude Lebensztejn, *Transaction,* Amsterdam, París, 2007; María José Bueno, «Le Panopticon érotique de Ledoux», *Dix-huitième siècle,* n.º 22, 1990, pp. 413-421 (o en *Boletín de Arte,* Málaga, 1988, n.º 9, pp. 201-216).

127. Anthony Vidler, *El espacio de la Ilustración, op. cit.,* p. 158.

guiendo a Foucault, sugiere que estas arquitecturas del placer deben, paradójicamente, ser entendidas no como proyectos autónomos regidos por leyes libidinales, sino como variaciones formales de la arquitectura disciplinaria de la prisión regidas, a menudo, por los mismos principios de vigilancia y control del cuerpo. No es extraño que muchos de los diseñadores de pornotopías modernas (Sade, Jean-Jacques Lequeu y más tarde Charles Fourier) compartan las experiencias del encierro institucional en cárceles o en sanatorios psiquiátricos, de modo que sus proyectos de utopías sexuales surgen como citas fragmentarias o usos desviados de estas arquitecturas disciplinarias.[128] Sade, por ejemplo, era un conocedor de primera mano de las arquitecturas disciplinarias y de encierro del siglo XVIII: pasó veinticinco años encarcelado en diferentes prisiones y hospitales tanto en el Antiguo Régimen como en la época de la Revolución y del Imperio: «Tenía pues», señala Anthony Vidler, «un profundo conocimiento de las condiciones administrativas y ambientales existentes en Vincennes, en la Bastilla y, más tarde, en el hospital de Charenton, así como en numerosas prisiones habilitadas durante el Terror.»[129]

128. Foucault es el primero en subrayar esta relación entre experiencia del encierro y utopías arquitectónicas sexuales que toman la prisión como modelo generador para pensar otras configuraciones sociales del deseo: «No es casualidad que el sadismo, como fenómeno individual que lleva el nombre de un hombre, haya nacido del confinamiento y en el confinamiento, y que toda la obra de Sade esté dominada por las imágenes de la fortaleza, de la celda, del subterráneo, del convento, de la isla inaccesible, que son los lugares de la sinrazón», Michel Foucault, *Historia de la locura en la época clásica* (1962), volumen II, FCE, México, 1967, p. 37.

129. Anthony Vidler, *El espacio de la Ilustración, op. cit.*, p. 159. Lo que resulta aún más interesante: Sade fue contratado, «durante el breve periodo de libertad del que gozó entre 1789 y 1794 como miembro de la

Es ahí, paradójicamente, en y a través de las arquitecturas disciplinarias, donde surgen los imaginarios espaciales del libertinaje: como variaciones de sus estructuras de vigilancia y control corporal.

Los refugios libertinos diseñados por los arquitectos utopistas en la aurora de la Revolución se asemejan en realidad a los dispositivos de control y vigilancia del cuerpo propios de las arquitecturas disciplinarias de la prisión y el hospital. Los edificios del placer de Sade fueron pensados según el modelo panóptico de la cárcel ilustrada.[130] La estrategia ilustrada del encierro viene, paradójicamente, acompañada de una demanda de transparencia y de visibilidad total: el cuerpo encerrado debe ser visible, desde las estructuras del poder, en todo momento. Del mismo modo, en las arquitecturas de Sade y Ledoux el cuerpo existe en un campo de visión donde es sexualizado a través de la mirada. Los prisioneros de Sade eran cuerpos sexuales encerrados en un sistema radial de celdas que permitía que fueran observados en todo momento. La diferencia es que aquí el tratamiento correccional del prisionero típico del sistema penal

---

comisión establecida por la Convención para supervisar los hospicios y los hospitales de París. En este puesto, recopiló información, visitó instituciones y propuso reformas con asiduidad; sus *mémoires* se incluyeron en los informes de la comisión y muchas de sus recomendaciones fueron aceptadas. [...] El 25 de octubre de 1792, la Section des Piques nombró a Sade comisionado de la asamblea administrativa sobre los hospitales. Tres días después, Sade leyó sus *Observations* a la asamblea, esbozando un programa de reformas. Más tarde iba a visitar hospitales, cárceles y asilos y a informar sobre sus condiciones al mismo organismo».

130. Véanse sobre este punto los diagramas comparativos propuestos por Amuchástegui, «La sociedad disciplinaria foucaultiana y la sociedad de la disciplina sadeana», en *Michel Foucault y la visioespacialidad, análisis y derivaciones*, edición electrónica gratuita, www.eumed.net/tesis/2009/rha/, pp. 241-256.

ilustrado ha sido sustituido por una serie de técnicas sexuales (muy semejantes, en ocasiones, a las restricciones, los castigos, a la pedagogía y a las formas de tortura penitenciaria) a través de las cuales se extrae placer. La organización espacial y escópica se ha convertido en una técnica sexual destinada a producir placer y a intensificar el deseo. Allí donde el panóptico indicaba la racionalización de la enfermedad mental y de la criminalidad, las pornotopías de Sade y Ledoux era fantasías de total racionalización de la sexualidad desviante y de sus placeres.

Pero el proyecto sadeano no era una simple cita descontextualizada de las técnicas somatopolíticas disciplinarias, sino que venía también a desvelar la economía libidinal que operaba en los modelos de encierro institucional de la prisión, del hospital o de la fábrica: control y restricción corporal, sumisión, exhibicionismo y voyeurismo eran en realidad las técnicas de subjetivación sexuales propias del régimen disciplinario. Explicitando el carácter sexual de estas arquitecturas de poder, en Sade y Ledoux la prisión se convierte en un teatro sexual, las celdas en *boudoirs* y los instrumentos de tortura, cadenas, ruedas, cuerdas, ganchos... en elementos de una nueva gramática del placer.

Esta relación entre revisionismo y revolución, entre utopía e institución, entre disciplina y placer presente en Ledoux y en Sade será fundamental también en la arquitectura de *Playboy*. Vidler cree que estas arquitecturas del libertinaje «no tuvieron seguidores, al menos en forma de propuesta; sus proyectos de sociedades y medios de expresión alternativos quedaron como síntomas más que como orígenes del cambio».[131] Sin embargo, es posible establecer una cartografía extensa de pornotopías que abarcaría

131. Anthony Vidler, *El espacio de la Ilustración, op. cit.*, p. 157.

desde las propuestas de Sade, Ledoux y Lequeu en el siglo XVIII hasta Playboy, pasando por las *«maisons closes»* francesas y los burdeles coloniales del siglo XIX y los burdeles y clubs nocturnos que proliferan en las metrópolis a principios del siglo XX.

Del mismo modo que el Château de Silling, La Maison du Plaisir o el Oikèma transformaban las arquitecturas disciplinarias y de reclusión de la prisión y el hospital en espacios dedicados al placer, podemos decir que, con *Playboy*, las arquitecturas corporativas y mediáticas del capitalismo tardío, como la oficina o el plató televisivo, pero también las arquitecturas de reclusión y refugio típicas de la guerra fría,[132] como el interior doméstico o el búnker, se ven erotizadas y transformadas en máquinas sexuales.

Como las arquitecturas de Sade, Ledoux y Lequeu que aparecen en el momento crítico generado por el levantamiento de la Revolución Francesa y la aparición de nuevas formas de configuración de la identidad sexual y de control del cuerpo, el proyecto Playboy surge durante los años de la guerra fría, un momento de intensa transformación política y social. La época Sade se caracteriza por el desplazamiento desde las formas soberanas de poder sobre el cuerpo hacia regímenes disciplinarios con la aparición de nuevas técnicas de vigilancia y espacialización del placer.[133] Del mismo modo, lo que podríamos denominar época Playboy coincide con la mutación desde el

132. Sobre la arquitectura americana de posguerra véase el ya clásico Beatriz Colomina, *Domesticity at War*, The MIT Press, Cambridge, Massachusetts, 2007.

133. Recordemos que Foucault otorga una posición estratégica al marqués. Para Foucault, Sade representa el punto de ruptura entre la epistemología clásica y la moderna, del mismo modo que *El Quijote* representaba el punto de ruptura entre la epistemología renacentista y la clásica.

régimen disciplinario hacia formas farmacopornográficas de control y de producción de la subjetividad.

Sade erotiza no sólo los símbolos del poder teológico y aristocrático, sino también las formas de poder difuso, vigilancia esópica, reclusión carcelaria y restricción corporal que aparecen con las instituciones disciplinarias. *Playboy* erotiza las formas de poder características del capitalismo tardío de la guerra fría y sus técnicas de vigilancia mediática y reclusión doméstica. Sade formula y tematiza el erotismo de la sociedad disciplinaria exponiendo los dispositivos de producción de placer inherentes a su arquitectura. Playboy, por su parte, anuncia el erotismo de la sociedad farmacopornográfica por venir.

En ambos casos no hay resistencia desde un afuera absoluto a estas formas de dominación y control del cuerpo y de la subjetividad, sino erotización de sus técnicas visuales y de sus formas específicas de espacialización del poder. Sade y *Playboy* nos enseñan, por decirlo con Butler, que la sexualidad es «menos un acto singular y deliberado que un nexo de poder y discurso que repite o parodia los gestos discursivos del poder».[134] Paralelamente, la arquitectura no puede ser la expresión de un orden natural y sexual preestablecido, sino que, al contrario, ese orden sexual se produce performativamente a través de la repetición de convenciones arquitectónicas: creando marcos de visibilidad, permitiendo o negando acceso, distribuyendo espacios, creando segmentaciones entre público y privado...

Las diferencias entre la pornotopía sadeana de burdeles estatales y la que en torno a la Mansión construye *Playboy* no hay que buscarlas en la distancia aparentemente estética entre látigos y orejas de coneja, entre ruedas de la

134. Judith Butler, *Cuerpos que importan, op. cit.*, p. 316.

128

1. Hugh Hefner posando junto a la maqueta del futuro Club Hotel Playboy de Los Ángeles. La fotografía apareció originalmente en el periódico *Building News* el 7 de junio de 1962. © Antonio Gagliano.

2. *Pin-up*, George Petty, 1947.

3. El diagrama muestra la evolución de diseño que realizó en 1953 Arv Miller desde el ciervo *(stag)* hasta el conejo *(bunny)* Playboy. © Antonio Gagliano.

4. Hugh Hefner acompañado por un grupo de Bunnies y por un mayordomo. Slim Aarons/Getty Images, 1 de enero de 1960.

5. Hugh Hefner escribiendo en la Mansión Playboy de Chicago, 1966. Burt Glinn/ Magnum Photos. Los temas de las carpetas podrían ser un índice cultural del siglo XX: adolescencia, sexo, divorcio, enfermedades venéreas, aborto, contracepción, alcoholismo, pena capital, drogadicción, feminización, feminismo, etc.

6. Fachada del ático urbano de soltero Playboy según el diseño de Donald Jaye. Publicada en *Playboy* en 1962. © Antonio Gagliano.

7. Corte longitudinal del ático urbano de soltero Playboy, 1962. © Antonio Gagliano.

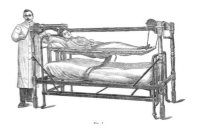

9. Cama mecánica para hospitales diseñada por Dupont, París, 1914.

8. El rey de Francia Luis XV en su «*lit de justice*» según Henry Havard, *Dictionnaire de l'ameublement et de la décoration*, Quantin, París, 1887-1890.

10. Cama electrónica Ritzy Relaxation, 1959.

1. Cama redonda del ático urbano de soltero Playboy, 1962. © Antonio Gagliano.

12. Hugh Hefner trabajando en la cama giratoria de la Mansión Playboy en Chicago, 1966. Burt Glinn/Magnum Photos.

13. Inflatable Suit-Home, David Greene, Archigram, 1968. Traje inflado y habilitado como una casa. El traje fue construido por Pat Haines. Era uno de los modelos del proyecto *Suitaloon* diseñado por Michael Webb, que fue realizado para la Triennale de Milán en 1968. Fotografía de Dennis Cropton © Archigram Archives 2010.

14. Mind Expander, Haus-Rucker-Co., 1967.

15. Hefner trabajando en el suelo de la Mansión Playboy en Chicago, 1966. Burt Glinn/Magnum Photos.

16. La cueva tropical de la Mansión Playboy en Chicago, 1966. Burt Glinn/ Magnum Photos.

17. Hugh Hefner en la Mansión Playboy de Chicago sentado junto a la piscina, cuyo interior puede verse desde el salón, 1966. Burt Glinn/Magnum Photos.

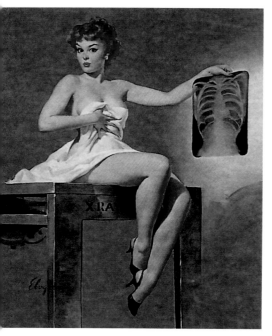

18. Una *pin-up* posa junto a su radiografía. Gil Elvgren.

19. Vista aérea de la Mansión Playboy West en Hollywood. Los Ángeles, 20 de septiembre de 1995. Getty Images.

20. Hugh Hefner posa junto a dos Bunnies en la Mansión Playboy West. Getty Images-Hugh Hefner & Bob Burnquist Film X Games IX Commercial.

tortura y tocadiscos, entre sillas de restricción de movimientos y camas giratorias. La auténtica diferencia proviene no sólo de las técnicas de producción y control de identidad sexual que son en cada caso descontextualizadas, sino sobre todo de los sistemas económicos y de las formas de producción de poder-placer-capital en los que éstos se accionan: lo propio de *Playboy* es haber hecho de la pornotopía un objeto de consumo dentro del mercado liberal.

Como buena heterotopía, lo singular de la pornotopía que *Playboy* inventa y pone en marcha en los años cincuenta es que puede comportarse al mismo tiempo como un «contra-espacio», desafiando los modelos tradicionales de espacialización del poder que propone la casa heterosexual como núcleo de consumo y reproducción en la cultura americana durante los años cincuenta-sesenta, y como una espacialización de los regímenes de control sobre el cuerpo propios del emergente capitalismo farmacopornográfico. Ahí radica sin duda su éxito como utopía localizada y como espacio popular comercializable.

La Mansión Playboy, auténtico dispositivo pornográfico multimedia, tenía la capacidad de reunir en un solo edificio, gracias a una cuidada distribución vertical y horizontal y a la multiplicación de los dispositivos de tecnificación de la mirada y de registro y difusión mediática de la información, espacios tradicionalmente incompatibles: el apartamento de soltero, la oficina central de la revista *Playboy*, el plató de televisión, el decorado cinematográfico, el centro de vigilancia audiovisual, la residencia de señoritas y el burdel.

Utilizando la expresión que Deleuze y Guattari acuñaron para interpretar la literatura de Kafka, podríamos caracterizar la pornotopía Playboy como la creación de una arquitectura menor, proyecto a través del cual *Playboy* llevará a cabo la producción de «un mundo dentro de otro»,[135] un lugar de solapamiento y yuxtaposición de los espacios privados y públicos, reales y virtuales, creando un nuevo tipo de domesticidad masculina en la que, según Hefner, el nuevo soltero podría disfrutar de los privilegios del espacio público (y debemos entender aquí privilegios de género y de representación, así como los monopolios acordados por la mercantilización capitalista) sin estar sujeto a las leyes (familiares, morales, antipornográficas) y los peligros (nucleares, propios de la guerra fría) del exterior.

La Mansión es una delirante y gigantesca oficina en la que es posible vivir y disfrutar, un burdel en el que han sido instalados el centro de operaciones de un grupo de prensa, el escenario de un *reality show* en el que un hombre casado (no olvidemos que Hefner se casa varias veces) vive con un grupo de más de treinta mujeres, una estricta residencia de señoritas donde las estudiantes son candidatas a convertirse en *playmates* y posar desnudas ante los ojos de toda América, un búnker herméticamente cerrado filmado por circuito interno y cuyas imágenes pueden hacerse públicas en cualquier momento.

Los programas de televisión creados por Playboy e inspirados en la vida de la Mansión, aunque de corta duración, fueron pioneros no sólo en la tradición de los *reality shows*, sino de lo que podríamos llamar «espectáculos de encierro doméstico»: programas televisivos, que mues-

135. La fórmula «proyecto arquitectónico menor» retoma el concepto de «literatura menor» desarrollado por Gilles Deleuze y Félix Guattari para describir la capacidad de Kafka de crear un «lenguaje dentro de otro lenguaje», Gilles Deleuze y Félix Guattari, *Kafka: Pour une littérature mineure*, Minuit, París, 1975, p. 29. Trad. castellana: *Kafka. Por una literatura menor*, Era, México, 1978.

tran a cierto número de personajes populares o anónimos vigilados veinticuatro horas al día a través de un circuito cerrado de cámaras en un estudio que simula un espacio doméstico clausurado. Foucault nos ha enseñado a mirar la arquitectura no sólo como una materialización de las relaciones de poder, sino también como una máquina de extracción de saber. El hospital, afirma Foucault, no es sólo un lugar de cura, sino también una megaestructura destinada a la producción de conocimiento. Para Foucault, el hospital y la prisión son al cuerpo social del siglo XVIII lo que la tabla de disección y el microscopio son al cuerpo anatómico y a la célula respectivamente:[136] instrumentos que producen formas específicas de saber y de representación. El encierro y la vigilancia son mecanismos a través de los que se extrae saber y se produce capital. ¿Podríamos entonces preguntarnos qué tipo de máquina epistemológica y económica, con su arquitectura de encierro y sus técnicas de vigilancia, es el programa de televisión de Playboy? Como los futuros programas *The Girls of the Playboy Mansion*, pero también como el futuro *Gran Hermano*, los espacios del *Playboy Penthouse* o del *Playboy After Dark* no eran lugares naturales, ni tampoco espacios puramente simbólicos, sino laboratorios mediáticos en los que se espacializaba estratégicamente, se distribuía, se comunicaba y se capitalizaba la subjetividad a través de rigurosas técnicas de encierro, sobreexposición, vigilancia, ocultamiento y producción de placer.

El funcionamiento del programa de televisión se asemejaba a lo que Michel Foucault denominaba un «espejo

136. Véase Michel Foucault, *Vigilar y castigar. Nacimiento de la prisión*, Siglo XXI, Madrid, 1994, y Michel Foucault, *Nacimiento de la biopolítica*, Akal, Madrid, 2009.

invertido»:[137] proyectaba en el espacio ultradoméstico de los telespectadores el interior posdoméstico de la Mansión Playboy. La casa suburbana contenía de este modo por un momento su doble invertido: el apartamento urbano del soltero. La misma ciudad de Chicago que ensalzaba la familia, apoyaba la Prohibición y promovía la segregación racial del espacio urbano, disfrutó con el consumo televisivo de una bajtiniana fantasía carnavalesca pop en la que dominaban la desnudez femenina, la poligamia, la promiscuidad sexual y una aparente indiferencia racial.[138]

La enseña en latín que coronaba la puerta de entrada a la Mansión Playboy advertía: «*Si non oscillas, nili tintinare*» («Si no te meneas, no llames»). Parecía una invitación a cualquiera: el único requisito era estar dispuesto a divertirse. La Mansión funcionaba como una pornotopía en la que simultáneamente podía verse representada, impugnada e invertida la sexualidad americana de finales de los cincuenta y comienzos de los sesenta. No obstante, y tal como Foucault previó: «De manera general, el espacio heterotópico no es un lugar público, libremente asequi-

137. Michel Foucault, «Des espaces autres», *Dits et écrits, 1954-1988,* vol. II, Gallimard, París, 1994.
138. Russell Miller, *Bunny, op. cit.,* p. 10. El asunto de los «invitados negros» fue objeto de controversia entre los miembros del equipo del programa, si bien muchos de los afroamericanos que divertían al público blanco eran músicos muy conocidos (como Ray Charles y Sammy Davis Jr.). Pero en todos los otros casos los afroamericanos no formaban parte de los invitados, sino que aparecían en calidad de músicos o camareros. Hasta 1965 no hubo ni una sola *playmate* afroamericana. Véase Gretchen Edgren, *Playboy, 40 ans, op. cit.,* pp. 88-89. Sin embargo, es cierto que Playboy ha sido pionera en la implantación de políticas igualitarias en términos de género, raza y sexualidad, tanto en la empresa como en la representación multimedia que propone. Notemos, sin embargo, en este carnaval pop, la imposibilidad de la presencia de la homosexualidad masculina.

ble... Las heterotopías que aparentan ser puras y simples aperturas, por lo general esconden extrañas exclusiones. Cualquiera puede entrar en estos espacios heterotópicos, pero en realidad se trata de una ilusión: creemos que hemos entrado, pero la verdad es que, por el solo hecho de entrar, estamos siendo excluidos.»[139]

Si el espacio del programa de televisión *Playboy Penthouse* imitaba el interior de la Mansión, ésta, por su parte, reproducía en cada detalle las condiciones técnicas de producción del plató televisivo. Como en la heterotopía desviada evocada por Foucault, la posibilidad de entrar y habitar libremente en la Mansión, aparentemente un lugar privado y secreto, era sólo una ilusión visual, ya que ese espacio había sido cuidadosamente diseñado e iluminado como un plató cinematográfico de Hollywood, sus escenas teatralizadas y sus personajes dirigidos según un guión. La casa entera, habitación por habitación, estaba vigilada con un circuito cerrado de cámaras que escrutaban cada rincón y grababan veinticuatro horas al día. Así, al entrar en la casa, el invitado podía sentirse un privilegiado por haber sido admitido en el refugio privado de Hefner, cuando en realidad estaba habitando un territorio mediáticamente sobreexpuesto, altamente vigilado y mercantilizable. El precio que los invitados tenían que pagar por acceder a ese excepcional lugar era convertirse en actores anónimos de una película sin principio ni final. Aquí también, la lógica de la reversibilidad imperante en la arquitectura interior de la casa, los muebles y dispositivos técnicos (el sofá cama adaptable, las puertas correderas, la biblioteca-bar giratoria, los dobles espejos y sobre todo las cámaras), convertía

139. Michel Foucault, «Des espaces autres», *Dits et écrits, 1954-1988, op. cit.*, p. 759.

133

en actor al visitante, en visible lo oculto y, desde luego, en público lo privado. Y viceversa.

Platón en la caverna de la Mansión Playboy

En ese espacio liminar y heterotópico era preciso reproducir y reinscribir incesantemente nuevas áreas «privadas», aparentemente destinadas a los felices privilegiados que tenían acceso a ellas, pero siempre sometidas a la vigilancia de las cámaras. Una trampilla en el suelo del salón permitía conectar visualmente la primera planta y el sótano de la casa. Para pasar de un espacio a otro no había escaleras. El invitado debía literalmente «dejarse caer» por una barra dorada, a la vez evocadora de la hipermasculina barra de descenso de las brigadas de bomberos y del accesorio de las bailarinas de striptease. En el sótano había una piscina y una cueva que simulaban una isla tropical, con palmeras, flores y agua manando de una fuente; más allá, separados por una gran puerta corredera, estaban el garaje y la salida trasera (véase imagen 16).[140]

140. La presencia de motivos «orientalizados» y «primitivos» en *Playboy* merece un estudio aparte. Aunque la palabra «harén» no aparece nunca explícitamente en sus páginas, la representación de mujeres desnudas como miembros de una tribu o harén, propiedad de un Hefner «colonial», es una constante de la revista. Para comprender la estrecha relación entre la pornografía y la representación colonial, conviene recordar que las primeras fotografías en color de senos desnudos aparecieron publicadas en *National Geographic*, una revista que podía permitirse la reproducción de desnudos femeninos (y sólo extraordinariamente masculinos) de «tribus primitivas» sin correr el peligro de ser acusada de explotación sexual u obscenidad. En este caso, la oposición entre vestido y desnudo permite articular la diferencia entre civilizado y primitivo, humano y animal, que hace de la privacidad y la ropa un privilegio de las sociedades occidentales desarrolladas.

134

El carácter abismal del agujero que la trampilla desvelaba y por el que el invitado desaparecía, así como la cascada que le esperaba, sugerían que el espacio más recóndito de la casa en realidad era su único y verdadero acceso.[141] En realidad, la cueva era el plató principal de los fotorreportajes realizados en la casa, y probablemente fue utilizado también para filmar películas eróticas.[142] La Mansión Playboy podría pensarse como una casa-de-calor pop, un invernadero farmacopornográfico donde lo que se cultivan son placeres y cuerpos. Esta función será todavía más clara en la construcción de la Mansión de Los Ángeles, donde Hefner, como veremos, instalará una cueva natural, un jardín botánico y un zoológico con especies salvajes. Playboy sigue aquí la doble tradición de la isla artificial aclimatada –del urbanismo utópico– y del orientalismo –colonial–. La Mansión Playboy estaría de este modo en filiación tanto con los invernaderos y las casas de cristal del siglo XIX como con las islas de placer principescas y los jardines paradisíacos.[143]

En su lectura de la *Utopía* de Tomás Moro, Louis Marin observa que un rasgo común a todos los enclaves

---

141. Otro caso comparable es el ofrecido por el diseño de Donald Jaye para el ático dividido por cortinas de agua que desembocan en una piscina interior.

142. Parece evidente que la Mansión Playboy fue utilizada como estudio cinematográfico en la década de 1960 y asimismo posteriormente, y como fuente de inspiración para numerosos remakes, como *Playboy Pajama Parties* (1982, 1996) y *Girl-Next-Door* (1975, 1983, 1997), pero es difícil saber si se trata de la Mansión o de escenarios simulados. Por otra parte, no he podido hallar información explícitamente relacionada con esta actividad.

143. Como el del jardín botánico y zoo de Wilhelma, construido entre 1842 y 1854 en Stuttgart. Sobre el «insulamiento» como proceso de producción cultural véase Peter Sloterdijk, *Esferas III*, Siruela, Madrid, 2006.

utópicos es que a ellos se puede acceder a través de un espacio vacío abierto en su centro, como si la misma fundación del reducto ideal consistiera precisamente en un agujero primordial o un no-espacio nutricio. La piscina de la Mansión Playboy, representada fotográficamente como una cueva llena de mujeres desnudas, opera como un útero arquitectónico, donde los habitantes masculinos que el cuerpo de la casa hace germinar son incubados.[144] La cueva marcada por las connotaciones de espacio primitivo y colonial, el cuerpo femenino y la incubación se presentaba como el simulacro último de un espacio natural al que sólo podían acceder los *happy few* invitados escogidos. Una de las fotos publicadas en la revista *Playboy* muestra a los visitantes menos afortunados, los que han tenido que permanecer en la primera planta, mirando a través de la trampilla que da acceso a la gruta tropical. Parecen tensos y asustados, como si temieran que los cimientos de la casa fueran a ceder. Mientras observan expectantes a las *playmates* en la caverna, parecen convencidos de que la condición misma de posibilidad del placer sexual masculino depende exclusivamente de ese «agujero» y de su capacidad para penetrar en él. Mientras tanto, en la parte posterior del sótano, en el «cuarto subacuático», Hefner contempla la fiesta que se desarrolla en la cueva a través de una ventana con la tranquilidad de quien mira el último episodio del programa de televisión *Playboy's Penthouse:* Hefner era un Platón moderno en una caverna porno.

Pero la Mansión Playboy, más semejante a un laberinto que a un espacio doméstico, no era un territorio homogéneo. Junto a las fronteras abatibles que podían supe-

144. Louis Marin, «Sur la création de l'île d'Utopie», *Utopies: Jeux d'espaces,* Minuit, París, 1973, p. 140.

rarse por méritos o privilegios, como la entrada a la cueva, había también fronteras rigurosamente cerradas que el invitado no podía atravesar y que protegían algunos de los enclaves más estratégicos de la casa. Mientras que las dos primeras plantas se caracterizaban por amplios espacios sin compartimentar donde divertirse, bailar y nadar, las plantas tercera y cuarta estaban celosamente cerradas y rara vez abrían sus puertas a los visitantes masculinos. Cada casa, como cada mujer, tenía, como nos enseñó Vikki Dougan, su espalda. Y ésta no siempre debía ser descubierta.

La primera ruptura se establecía en la tercera planta. La puerta de acceso al tercer piso representaba la línea de demarcación y frontera de segregación de los géneros más radical, señalando el territorio donde comenzaba la auténtica «privacidad» del edificio. Inspirado en las *maisons closes* francesas de principios de siglo, como el Chabanais o el One Two Two,[145] pero también en los burdeles de Chicago de la época, el tercer piso estaba dividido en varias suites, con nombres evocadores de la tonalidad que dominaba las habitaciones (azul, roja, dorada, etc.) y con decorados temáticos donde los amigos y socios de Hefner podían retirarse durante un rato. Esta planta incluía también algunos estudios que Hefner alquilaba a sus trabajadoras favoritas.

La Mansión se convertía en un sistema más y más hermético a medida que se ascendía verticalmente. Los auténticos bastidores ocultos de la casa estaban en el cuarto piso. El aspecto desenfadado de las fiestas privadas de la Mansión rebosantes de chicas, las estampas «hogareñas» de Hefner en pijama sobre su cama, los reportajes exóticos

---

145. Véase Alphonse Boudard y Romi, *L'Âge d'or des maisons closes*, Albin Michel, París, 1990.

de la cueva acuática o el *tableau vivant* de mujeres sentadas frente a una chimenea jugando al Monopoli, todo ello hubiera sido imposible sin un espacio oculto e inaccesible para el invitado externo y eficientemente programado conocido como el «Bunny Dorm», el dormitorio de las conejitas. Situado en la cuarta planta de la Mansión Playboy, justo encima del refugio de Hefner, el Bunny Dorm tenía por función el suministro, con matemática precisión, de la necesaria cantidad de trabajadoras adiestradas a las plantas inferiores y posteriormente a los clubs Playboy. Así como, para Foucault, «la heterotopía es capaz de yuxtaponer en un solo espacio real varios espacios, varios ámbitos entre sí incompatibles»,[146] la Mansión Playboy logró congregar, distribuyéndolos vertical y horizontalmente, el disciplinario internado de señoritas y el burdel libertino.

Mientras que el sótano y la primera y segunda plantas de la casa se caracterizaban por su cuidado mobiliario, por los accesorios técnicos propios de un club (mecanismos de proyección audiovisual, sistema musical estéreo, etc.), en la cuarta planta había simplemente dormitorios comunes con camas alineadas o con literas, duchas y lavabos colectivos, largos pasillos con teléfonos públicos y pequeños buzones de correo asignados por nombre a las trabajadoras. La cuarta planta era al mismo tiempo un barracón obrero y un internado, donde las chicas de al lado eran entrenadas para convertirse en conejas. Como observa Miller: «En marcado contraste con la extravagante atmósfera de las plantas inferiores, el mobiliario de estos dormitorios de pronto

---

146. Michel Foucault, «Des espaces autres», *op. cit.*, p. 760. Foucault incluye en su lista de heterotopías de las sociedades modernas tanto los internados como los burdeles, en una yuxtaposición que anticipa el espacio Playboy.

ofrece el aspecto de un internado de chicas más bien austero y temperado: parcas alfombras, literas sobrias, armarios de madera y baños comunales.»[147]

En la cuarta planta dominaba un régimen severo, casi espartano, que reemplazaba la atmósfera relajada de las zonas abiertas de la Mansión. Las inquilinas eran reclutadas tras un riguroso proceso de selección, organizado por Keith Hefner, hermano de Hugh. Una vez seleccionada, la futura coneja debía firmar un contrato en el que se comprometía a mantener su apariencia física y a comportarse personalmente «sin tacha», además, desde luego, de estar siempre a disposición para participar en los diferentes eventos de la Mansión. Entrenada por una «Bunny Mother», una «Madre Coneja», la futura Bunny aprendía los secretos de la «imagen Playboy», que iban desde el peinado hasta el tono de la voz o el ritmo de los pasos, y estudiaba las reglas de conducta consignadas en el «Manual de la Bunny».[148] Como en los burdeles, la diferencia entre el estatuto de trabajadora y el de inquilina se desdibuja. Las conejitas abonaban 50 dólares mensuales por ocupar una cama en el dormitorio, además podían desayunar, comer y cenar en el comedor común pagando 1,50 dólares, lo que hacía innecesario, si no imposible, que salieran de la casa.[149]

147. Russell Miller, *Bunny, op. cit.*, p. 9.
148. El mejor (y casi único) libro sobre la vida de las Bunnies y su entrenamiento es el de Kathryn Leigh Scott, que, a través de su propia experiencia y de entrevistas a ex Bunnies, reconstruye una historia de las trabajadoras de la casa y de los clubs Playboy en América. Véase Kathryn Leigh Scott, *The Bunny Years. The Surprising Inside Story of the Playboy Clubs: The Women Who Worked as Bunnies and Where They Are Now*, Pomegranate Press, Los Ángeles, 1998.
149. En cada dormitorio, la *playmate* más veterana se encargaba de mantener la «calidad» del entorno de las conejitas. Era conocida como «Bunny Mother» («Madre Coneja»), y ante las otras chicas hacía las veces

Las conejitas recibían diariamente un estipendio por posar, «actuar» o trabajar en el club. El resto de su salario provenía de las propinas y regalos de los clientes. Lo que podía parecer un «buen sueldo» para una chica de al lado recién llegada de un pueblo del Medio Oeste representaba menos del 0,05 % de los beneficios que su actividad generaba para el negocio de Hefner. La rentabilidad de la Mansión Playboy, tentacularmente autorreproducida a través de sus correas de transmisión mediáticas –la revista, el programa de televisión y los clubs Playboy–, superaba la de los más afamados burdeles de Chicago, pero las conejas, piezas indispensables del consumo audiovisual que Playboy proponía, quedaban casi totalmente excluidas de los beneficios de esta economía. A cambio, Playboy les proponía convertirse en figuras mediáticas.

Si la tercera planta era la citación de un burdel dentro de una arquitectura doméstica, la residencia del cuarto piso, al mismo tiempo escuela de entrenamiento e internado de conejas, ya no se asemejaba a los clubs nocturnos ni en su decorado ni en su funcionamiento, sino a los espacios disciplinarios de control y normalización del cuerpo que habían proliferado en Occidente durante los siglos XIX y XX. Si el primer y el segundo piso albergaban las funciones espectaculares propias de los salones nocturnos de juego y baile, el cuarto piso estaba programado según reglas espaciales del internado, del colegio y de la prisión.

---

de consejera y confidente. Recompensaba con «premios semanales» a las conejitas «meritorias» por sus logros (como servir una gran cantidad de bebidas y presentar siempre un aspecto impecable), y asimismo se encargaba de castigarlas por su mal comportamiento (como mascar chicle, ir despeinadas, no cuidarse las uñas, maquillarse mal, hablar con «expresiones vulgares», etc.). En este caso, eran amenazadas con su expulsión de la casa. Kathryn Leigh Scott, *The Bunny Years, op. cit.*, pp. 10-11.

Desde el punto de vista de la distribución vertical, las escaleras de la casa permitían organizar el paso de las plantas superiores y sus espacios restringidos, donde se hallaban los dormitorios de las conejitas y a los que los visitantes tenían prohibido acceder, a la libertad sexual de las plantas inferiores, donde se esperaba de las conejitas que siempre estuvieran disponibles para una sesión de toma de fotografías o una filmación. Desde el punto de vista de la producción y distribución mediática, la casa, con sus espacios temáticos (la cueva tropical, las suites de colores, las salas de estar), servía para generar un continuo de imágenes destinadas a la revista *Playboy* y el programa de televisión *Playboy's Penthouse*.[150] A diferencia de las imágenes interiores de la casa, que parecían destinadas a transmitir la intimidad del santuario privado de Hefner, cada una de las fotografías era el resultado de una meticulosa puesta en escena. Lo que se ofrecía a la mirada del público era una específica representación del espacio interior concebido como «privado». Este proceso de construcción «pública» de lo «privado» tuvo su apogeo con la creación del club Playboy, una imitación del interior situada en el exterior de la casa.

Si, dejando de lado todo juicio moral, es posible concebir la pornografía como una representación de la sexualidad que aspira a controlar la respuesta sexual del observador, puede decirse que la Mansión Playboy es nada menos que un mecanismo pornográfico multimedia que, para mediados de los años sesenta, comprendía ya arquitectura, prensa, televisión y difusión cinematográfica.[151]

---

150. Esta relación en bucle entre la casa y la revista sirvió de modelo para empresas pornográficas más recientes, como *Hustler*, de Larry Flynt.
151. Habría que investigar, como ya sugería Mark Wigley, la rela-

El discurso de la revista se oponía con idéntico afán a la domesticidad familiar y al burdel tradicional, hasta entonces dos *topoi* centrales en la economía espaciosexual disciplinaria. Como sustituto de ambos (pero también como hibridación de ambos), Hefner ideó la perfecta heterotopía sexual: un excepcional pliegue del espacio público dentro del espacio interior, un burdel multimedia, una casa pública y una nueva forma de goce sin sexo directo: un tipo de placer virtual producido por la conexión del cuerpo con un conjunto de técnicas de la información.

En este sentido, las mansiones Playboy y sus extensiones mediáticas no son simples ejemplos de residencias monumentales, sino que podrían entenderse como la mutación del burdel tradicional en la era farmacopornográfica. La distribución de espacios públicos y privados dentro de la casa, con su extraña combinación de áreas de trabajo y domicilio, en realidad no es muy diferente de los burdeles de los siglos XIX y XX.[152] El éxito de Hefner, sin

---

ción entre género, sexo y arquitectura. Véase Mark Wigley, «Untitled: The Housing of Gender», en Beatriz Colomina (ed.), *Sexuality and Space*, Princeton Architectural Press, Nueva York, 1992, pp. 327-389.

152. Chicago era uno de los principales centros de prostitución en Estados Unidos a comienzos del siglo XX. Desde finales de la década de 1920 y hasta la década de 1950, la mafia (primero dirigida por Jim Colisimo y después por Al Capone) controló todos los espacios dedicados a esta actividad. Captain Golden evoca esa época en un artículo de *Playboy:* «Hacia 1900, Chicago era el incontestable centro de la lujuria de la República. Nueva Orleans, Nueva York y San Francisco no le llegaban al tobillo. En esas ciudades, el vicio apenas era una brillante actividad marginal, pero en Chicago había invadido la mitad de la ciudad. En los barrios del norte y del sur más cercanos al centro, en cada dos casas se encendían los candelabros todas las noches. Los chulos se pavoneaban por los pasillos del ayuntamiento como comerciantes expertos. La mayoría de los cafés de la ciudad, los teatros y los lugares de encuentro estaban prohibidos a las mujeres decentes. Las putas eran las reinas de la ciudad.

embargo, se explica por su capacidad para convertir las antiguas formas de consumo sexual, confinadas antaño al ámbito de los burdeles, en simple representación y consumo audiovisual.

Los sábados por la noche, los burdeles se llenaban de música y clientes, y estaban tan atestados como hoy lo están las playas de la ciudad», *Playboy*, enero de 1954, p. 51. Véase también Vern L. y Bonnie Bullough, *Women and Prostitution*, Prometheus Books, Buffalo, Nueva York, 1987.

8. EL TRABAJADOR HORIZONTAL

El historiador de la arquitectura Sigfried Giedion, que compartía aun sin saberlo muchos elementos de la filosofía Playboy, defendía la idea según la cual «la manera de sentarse representa la naturaleza profunda de un periodo histórico». En enero de 1958, *Playboy* publica el insólito artículo «Hollywood horizontal: el grito de guerra de un guionista vertical. Mi reino por un sofá», en el que anuncia una mutación histórica determinada por un nuevo modo de sentarse.[153] El periodista Marion Hargrove da a conocer la correspondencia aparentemente privada pero en realidad ficticia entre William T. Orr, productor ejecutivo de Warner Brothers TV en Hollywood, y varios escritores de cine. El enfrentamiento, cargado de ironía, entre las voces que se manifiestan a favor y en contra de la «verticalidad» está basado en criterios arquitectónicos y económicos que permiten oponer un nuevo tipo de productor —el «trabajador horizontal»: exitoso escritor y hombre de negocios urbanita— a su contrario —el trabajador «vertical» y «rígido»—.

153. «Hollywood Horizontal: Battle Cry of a Vertical Screenwriter. My Kingdom for a Couch», *Playboy*, enero de 1958, p. 13.

Bajo la advocación del mandato «disfrutad de vuestro trabajo», la horizontalidad es concebida como la nueva ética antiweberiana del capitalismo, en la que el trabajo y el sexo representan las dos principales variables intercambiables en una única ecuación para el éxito económico y vital del sujeto de la sociedad norteamericana de consumo y abundancia posterior a la Segunda Guerra Mundial. La verticalidad se entiende aquí como una patología subjetiva y una epidemia cultural, un lastre de otro sistema de producción (seguramente el fordista) que empieza a desarticularse en beneficio de una mejor adaptación a las mutaciones de un capitalismo más omnívoro, que, como bien detectarán algo más tarde los críticos operaistas italianos, aspira a extenderse a la «producción inmaterial»:[154] información, conocimiento, afecto y placer son aquí las nuevas fuerzas de producción. Un guionista se confiesa ante Orr: «Con penosa preocupación he recibido recientemente quejas de que mi escritura es cada vez más vertical... [...] quiere decir que desfila rígidamente hasta alcanzar el pie de la página sin lograr en ningún momento romper este corsé. Esta crítica me deja anonadado, pero por desgracia soy incapaz de refutarla. La escritura vertical es un tema de primerísima importancia que no deberíamos dejar pasar. Es una enfermedad que ha de ser tratada en cuanto aparecen los primeros síntomas... El hecho insoslayable, señor, es éste: la escritura horizontal sólo puede desarrollarse en posición horizontal, sobre el escritorio o el frío linóleo. Algunos oficiales de segunda de nuestra pequeña organización vienen haciendo esfuerzos aplicados y valientes para eliminar la insidiosa verticalidad, para lo cual ponen a disposi-

154. Antonella Corsani *et al.* (1996), *Le bassin du travail immatériel dans la métropole parisienne*, PUF, París, 1991.

ción del escritor esa indispensable herramienta de su oficio: el sofá.»[155]

En realidad, para Hefner, la escritura y el diseño de *Playboy* no habían comenzado ni siquiera por un sofá, sino todavía más abajo: a ras de suelo. En su piso de Hyde Park, la superficie del suelo de la cocina y el salón le habían servido a la vez de mesa de trabajo en la que desplegar sus imágenes y de área de esparcimiento. Según Hefner: «La alfombra era como un escritorio gigante. Cuando quedaba con artistas, diseñadores y escritores, nos arrastrábamos por el suelo mientras observábamos nuestro trabajo.»[156] Cuando las oficinas de *Playboy* se trasladan al 11 de East Superior Street a finales de 1954, después del éxito de los primeros números, Hefner prefiere seguir trabajando en el suelo de su despacho y raramente se sienta detrás de su mesa, lo que obliga a sus colaboradores, todavía vestidos con camisa y corbata, a pasar el día a gatas (véase imagen 15). Por si este giro desde la vertical a la horizontal fuera poco, «el sexo en la oficina era algo habitual».[157] Hefner, según su biógrafo Steven Watts, aprobaba e incluso exhortaba a sus empleados a sentirse relajados en la oficina y a dar rienda suelta a sus instintos sexuales. El estudio de fotografía de las oficinas era a menudo el lugar ideal para el intercambio de parejas y para las fiestas. Esa libertad de movimiento y de expresión aumentaba, según Hefner, no sólo la calidad de los artículos sino el rendimiento total de la plantilla. Se altera así la jerarquía fordista que entiende la posición horizontal como parte del ocio y el descanso y la verticalidad como condición de la producción de capital. Como recordaba

155. *Playboy*, enero de 1958, pp. 29 y 36.
156. Gretchen Edgren, *Playboy, 40 ans, op. cit.*, p. 32.
157. Steven Watts, *Mr Playboy, op. cit.*, p. 98.

147

Ray Russell, uno de los editores, «en la mayoría de las empresas, si te enrollas con alguien del trabajo te echan. En *Playboy*, eso es motivo de ascenso».[158]

Al mismo tiempo, el imaginario topográfico de Hefner, su incansable y casi kafkiana construcción de una madriguera,[159] es también una lucha contra la separación en la ciudad moderna de los espacios profesionales y domésticos. Ya en las oficinas de East Superior Street, Hefner, que en ese momento comienza a distanciarse de la vida conyugal y familiar, vive prácticamente en su despacho. Cuando la sede de la revista se muda a Ohio Street en 1957, Hefner prevé la construcción de un pequeño apartamento dentro del espacio de oficinas: una habitación simple con una cama, un baño y un ropero. Así, cada mañana Hefner se levantaba y sin tan siquiera quitarse el pijama comenzaba a trabajar en el suelo de su despacho.[160] Debuta aquí la tradición de Hefner vestido con pijama y zapatillas de estar en casa e instalado en un espacio que no es estrictamente profesional pero tampoco rigurosamente doméstico.

Los archivos fotográficos dibujaban un sendero de ida y vuelta desde el dormitorio de Hefner hasta la última sala de maquetación y producción de la revista sin que fuera posible establecer fronteras. Entre las fotos publicables se hallaban las imágenes de las novias de Hefner en traje de baño, como Janet Pilgrim, la secretaria encargada de ventas, saliendo de la ducha. Pronto, el propio Hefner apare-

---

158. Steven Watts, *Mr Playboy, op. cit.,* p. 146.
159. Véanse las digresiones acerca de la madriguera de Kafka de Deleuze y Guattari en Gilles Deleuze y Félix Guattari, *Kafka. Por una literatura menor, op. cit.*
160. Steven Watts, *Mr Playboy, op. cit.,* p. 99.

cería entre los personajes de la revista. La oficina se había extendido hasta ocupar el apartamento de Hefner, al mismo tiempo que la vida privada se infiltraba en cada espacio de la oficina. *Playboy* inventa así el espacio *domoprofesional* y el look del trabajador *cool* en pijama de etiqueta.

La separación del hogar y el lugar de trabajo, que hizo posible el uso generalizado del automóvil, era el rasgo dominante de la vida urbana/suburbana en Estados Unidos después de la guerra.[161] Atacar esta separación era en realidad atacar no sólo la estructura de la ciudad americana sino también el fordismo y su comprensión moral de la relación entre trabajo, producción y placer. *Playboy* anticipa los discursos de finales de siglo sobre el «trabajador flexible» y «el trabajo inmaterial» a través de las figuras del obrero mediático horizontal (ya sea escritor o trabajadora sexual) y a través de la construcción de un nuevo espacio posdoméstico, público-privado, donde las distancias entre ocio y trabajo se desdibujan. La erosión de la distancia entre trabajo y ocio, entre sexo y producción, propuesta por *Playboy* opera como un auténtico vector de innovación en las transiciones que llevarán hasta el capitalismo farmacopornográfico.

La Mansión Playboy, reconstruida en 1959, será la culminación de este proceso de infiltración y recombinación sin límites. En la Mansión, la cama giratoria representaba un plano horizontal flotante por excelencia, una hibridación perfecta del suelo, la cama y la mesa de oficina, que Hefner utilizaba como centro de operaciones: solía sentarse apoyado en el respaldo de cuero, vestido con un pijama, al mismo tiempo hablando por teléfono y se-

161. David Fernbach, *A Theory of Capitalist Regulation: The U.S. Experience,* New Left Books, Londres, 1976, p. 110.

149

leccionando la siguiente «Playmate del Mes» entre cientos de diapositivas esparcidas entre las sábanas (véase imagen 13). De vez en cuando, y sin interrumpir su «trabajo», recibía la visita de un selecto grupo de conejitas, que, filmadas o fotografiadas in situ, acababan integrando su creciente archivo de fotografías y vídeos eróticos potencialmente publicables.

La cama giratoria y electrónica de Hefner –utilizada como mesa de trabajo, estudio de televisión, sofá para ver la tele, escenario teatral y fotográfico, lugar de encuentros sexuales, espacio de orgías, superficie para dormir e incluso lugar de reunión familiar–[162] era un nuevo centro de producción económica y sexual. Funcionaba como un *dispositivo* de rotación y de vuelco, capaz de transformar verticalidad y horizontalidad, arriba y abajo, derecha e izquierda, madurez e infancia, individualidad y colectivo, vestido y desnudez, trabajo y ocio, público y privado. Como transformador, la cama giratoria se comporta además como una auténtica turbina en la fábrica multimedia de la Mansión Playboy, cuya producción es fundamentalmente numérica: signos (textuales, fotográficos, cinematográficos) capaces de ser descodificados dando lugar a afectos.

162. Es famosa la imagen de Hefner acostado en la cama giratoria con su padre y su madre.

9. LA CAMA FARMACOPORNOGRÁFICA

En su «Proyecto para un glosario para el siglo XX», J. G. Ballard definía el mobiliario como «la constelación externa de nuestra piel y de nuestra postura corporal» y lamentaba que la cama, que no deja de ser una de nuestras constelaciones externas prioritarias, fuera «el espacio al que Occidente haya dedicado menor imaginación».[163] Sin duda, en esa historia particularmente monótona, la cama Playboy, condensando diversos modelos históricos e integrando funciones técnicas externas a la cama tradicional, iba a situarse como un dramático punto de inflexión. Instalada en el dormitorio principal de la Mansión, la cama Playboy se convertiría en el habitáculo principal de Hugh Hefner.

En medio de la interminable y reversible transformación de lo privado en público que caracterizaba el funcionamiento de la Mansión, la cama giratoria de Hefner era el dispositivo farmacopornográfico por excelencia. Dejan-

163. J. G. Ballard, «Project for a Glossary of the Twentieth Century», Jonathan Crary y Sanford Kwinter (eds.), *Incorporations,* Zone Books, Nueva York, 1992, p. 271.

151

do atrás su condición de mueble, la cama Playboy aspiraba a convertirse en hábitat, prótesis y centro de producción audiovisual. Con un diámetro de 2,6 metros, la cama de Hefner estaba dotada de un motor hidráulico interno que le permitía girar 360 grados en cualquier dirección y vibrar (bruscamente) cuando estaba detenida (véase imagen 12). La plataforma giratoria reposaba sobre el panel fijo en el que se habían acoplado, como si se tratara de una cabina aeroespacial, un máximo de conexiones multimedia. El respaldo de cuero servía a la vez de punto de apoyo y panel de control con el que maniobrar una radio, un aparato de televisión, un proyector de películas y un teléfono que permitía conectar tanto con el exterior como con la línea interna de la Mansión y de las oficinas Playboy. Gracias a una cámara de vídeo instalada en un trípode y dirigida hacia el área de la cama, Hefner podía filmar sus encuentros «privados», tanto si eran de negocios como sexuales, una distinción que la cama y sus múltiples dispositivos técnicos de vigilancia y grabación deshacían con un ritmo equiparable al de su vibración. De este modo, al registro textual de encuentros sexuales que Hefner había comenzado en 1952, anotando detalladamente el quién, cómo, cuándo, así como las «posiciones» y «especialidades» con códigos que le permitían una posterior clasificación, se sumaba ahora un permanente registro audiovisual que arrojaba cientos de horas de grabación. La cama giratoria se había convertido en la plataforma de producción de un archivo multimedia de la vida sexual de su ocupante. Todos los materiales audiovisuales grabados tanto en la habitación de Hefner como en el resto de las habitaciones dotadas con sistema de vigilancia interna podían ser después visionados y editados por el propio Hefner en una sala de control audiovisual.

Rechazando las configuraciones dominantes de distribución espacial para la práctica del sueño de la década de 1950 (la cama conyugal –una invención de 1840 derivada de la institucionalización napoleónica del matrimonio–, las camas gemelas y la cama Murphy), Hefner prefirió una cama más grande que la de matrimonio, pero pensada para garantizar la independencia y la segregación de género de sus dos ocupantes que las camas gemelas prometían.[164]

La cama redonda, una petición de Hefner diseñada y construida en 1959 según sus directrices, tenía en realidad su origen en una precaria estructura construida por Victor Lownes, amigo personal de Hefner y director ejecutivo de *Playboy*, en su apartamento de soltero-divorciado: «Lownes había juntado cuatro camas y había hecho lo que él llamaba un *playpen* (literalmente "corral de juegos"), recubriéndolo de una enorme colcha.»[165] El *playpen* había servido como plataforma de juegos sexuales y de intercambio de parejas al grupo de amigos que trabajaban en *Playboy* y de algún modo funcionaba ya como un enclave pornotópico.

Pero la cama Playboy era también una versión hiperbólica y mejorada de las camas rectangulares y semicirculares que aparecían en los dibujos de 1956 y 1959 realizados por Donald Jaye para el ático Playboy urbano (véase

164. Para una discusión sobre el contraste entre tipos de mobiliario rivales y las preferencias por unos y otros durante el periodo de posguerra, véase Mary Davis Gillies (ed.), *What Women Want in Their Bedrooms of Tomorrow: A Report of the Bedroom of Tomorrow*, McCall Corporation, Nueva York, 1944. Para un análisis crítico de la polémica entre la cama matrimonial y las camas gemelas, véase Jeannie Kim, «Sleep with Me» (ensayo inédito, Princeton University, otoño de 2000).

165. Steven Watts, *Mr Playboy, op. cit.,* p. 95.

imagen 11).[166] Como un cortocircuito entre la revista y la Mansión, la cama era un testigo de la fuerza de *Playboy* para materializar su imaginario. Sin embargo, el mecanismo no era una invención de *Playboy*, sino un elemento más en un proceso de mecanización y tecnificación del mobiliario doméstico en marcha desde el siglo XIX: una cama electrónica («The Electronic Road to Ritzy Relaxation»), calificada por el *Daily Express* como la auténtica *«machine à vivre»,* utilizando la conocida expresión de Le Corbusier, había sido el centro de atención de la Exposición de Muebles de Earls Court en Londres en 1959 (véase imagen 10).[167] La cama Ritzy, funcionalmente muy semejante a la cama Playboy (tenía un sistema de radio-televisión y un panel de telecontrol que permitía abrir y cerrar las cortinas o encender y apagar la luz), era, por el contrario, una plataforma fija y con castas camas gemelas. La innovación introducida por *Playboy* no era, por tanto, la electrificación de la cama, sino la tecnificación de una pornotopía.

Combinando el *playpen,* los diseños imaginados para el ático urbano y las terminales mediáticas de la cama eléctrica Ritzy, la cama giratoria se convertía al mismo tiempo en un gigantesco parque de juegos y en una superestructura capaz de absorber prácticamente todas las técnicas de telecomunicación disponibles a finales de los años cin-

---

166. Véase Gretchen Edgren, *Playboy, 40 ans, op. cit.*, pp. 2-3. Del contraste entre diferentes fuentes no se puede deducir que la cama redonda giratoria haya sido la diseñada por Donald Jaye en 1959 y publicada en *Playboy* en mayo de 1962. Las diversas hagiografías de *Playboy* describen a Hefner como el «creador» de la cama y, de nuevo, insisten en confundir al editor con un diseñador y arquitecto.

167. Mary Eden y Richard Carrington, *The Philosophy of the Bed*, Putnam, Nueva York, 1961, p. 26.

cuenta. La cama volvería después a las páginas de la revista en abril de 1965: el mismo circuito mediático que la había producido la desmaterializaba transformándola de nuevo en discurso y signo visual. Para entonces ya era «la cama más famosa de Estados Unidos».[168]

La cama que nunca duerme

La cama Playboy había sido tratada como una arquitectura independiente capaz de integrar diversas funciones de comunicación y confort. Aunque el funcionamiento era relativamente básico, el ensamblaje en una sola megaestructura de un colchón, un somier y un centro de telecomunicaciones permitía percibir ya las cualidades del nuevo hábitat del trabajador farmacopornográfico. La articulación en un solo módulo de la cama y de la estación de grabación y difusión multimedia deshacía las tradicionales oposiciones entre pasividad y actividad, sueño y vigilia, reposo y trabajo.[169] La cama había dejado de ser sinónimo de sueño para convertirse en un enclave de perpetua vigilia mediática. Del mismo modo, el cuerpo acostado en la cama Playboy ya no es un organismo inerte y pasivo sino más bien un conductor activo y ultraconectado que produce y experimenta el medio ambiente que le rodea. Incluso cuando el cuerpo del ocupante duerme, la cama y

168. La cama de Hefner superaba en notoriedad a las camas cuadradas de Cary Grant y Tyrone Power, así como a la cama en forma de corazón de Lana Turner.

169. Coreógrafo intencional del sueño, Hefner era además un hipnotizador aficionado que solía hipnotizar a los participantes en sus fiestas. Anécdota citada por Delilah Henry en Kathryn Leigh Scott, *The Bunny Years, op. cit.*, p. 66.

sus conexiones mediáticas le mantienen de algún modo despierto. Porque la cama Playboy, como la metrópoli, nunca duerme.

La forma circular y la rotación, hacían de la cama un universo esférico, un microplaneta en constante movimiento pero que, a diferencia de la Tierra, ya no estaba regido por las coordenadas espaciotemporales naturales, sino por una incesante construcción escenográfica que el propio ocupante orquestaba. El escritor Tom Wolfe describe la habitación de la cama Playboy como una plataforma suspendida fuera del tiempo y el espacio: «No hay luz del día. En la cápsula hermética, Hefner pierde totalmente el sentido del tiempo o de la estación del año. Le encanta la noche. Deja las persianas cerradas, sacando así la luz de su vida... [...] A menudo ni siquiera sabe qué día es. Un amigo le sugirió darle un paquete de siete pijamas con el nombre del día bordado al revés de modo que pudiera verlo mirándose al espejo mientras se afeita para ver qué día de la semana es.»[170] Indisociable de su ecosistema, el sujeto Playboy no puede habitar sin controlar (o ser controlado por) el medioambiente que ocupa. Aunque el mecanismo es relativamente precario, la revista *Playboy* describe la transformación del espacio producida por el giro de la plataforma como alta tecnología medioambiental: «Un toque en los botones de la cama giratoria permite a Hef crear cuatro habitaciones diferentes. Cuando la cama está orientada hacia la pared queda frente a la cadena Hi-Fi y vídeo, frente a una consola de televisión hecha de caoba filipina con doble pantalla que se controla desde la cama y una ca-

170. Tom Wolfe, «Hugh Hefner, Chicago Recluse», *The Sunday Herald Tribune Magazine,* 7 de noviembre de 1965, pp. 7-11, citado en *Playboy,* enero de 1966, p. 199.

dena estéreo Hi-Fi Clairtone, con sus altavoces esféricos bañados de aluminio... [...] Hacia el norte, la cama está frente a la zona de conversación creada por un sofá Knoll y una mesita de café... [...] Hacia el oeste, la cama está frente a un cabezal fijo, con un bar privado y una mesa para comer a cualquier hora. Y hacia el sur la cama se orienta al resplandor romántico que emana de la chimenea de mármol italiano...»[171]

Si la forma circular se justificaba fácilmente por el número de los cuerpos implicados en las prácticas sexuales por las que Hefner se había hecho famoso, la utilidad del rudimentario mecanismo giratorio resultaba inexplicable. «A pesar de sus heroicos esfuerzos», señala Russell Miller, «el señor Hefner nunca ha logrado explicar satisfactoriamente por qué alguien querría tener una cama giratoria. Por lo general se enfrascaba en discursos sobre "la creación de entornos diferentes" gracias al botón que bastaba pulsar para que cambiara el espectáculo que se ofrecía a su mirada, pero costaba comprender por qué no podía sencillamente girar la cabeza para obtener el mismo efecto básico.»[172]

Sin embargo, la historia del mueble de Sigfried Giedion, nuestro detractor de la «arquitectura playboy», proporciona en 1948 algunas pistas para entender la importancia del carácter giratorio de la futura cama Playboy. En *La mecanización toma el mando* Giedion propone entender el mobiliario como un resto fenomenológico que permite percibir «la actitud de una época».[173] En este caso,

171. *Playboy*, enero de 1966, p. 202.
172. Russell Miller, *Bunny, op. cit.*, pp. 8-9.
173. Sigfried Giedion, *Mechanization Takes Command*, Oxford University Press, Nueva York, 1948. Trad. castellana: *La mecanización toma el mando*, Gustavo Gili, Barcelona, 1978.

¿qué actitud refleja la cama giratoria? Preguntémonos, en primer lugar, ¿qué puede significar que una cama gire sin moverse, rote sin desplazarse? Giedion nos recuerda que la palabra «mueble» *(meuble)* significa en su origen francés «bien móvil, transportable». A la condición de «muebles» pertenecen en la Alta Edad Media desde la cubertería y la tapicería hasta las mujeres, los niños, los esclavos y los animales domésticos. La expresión legal «bienes muebles» es un residuo de esta noción que designaba todo aquello que no pertenecía a la casa, que por oposición se denominaba «bien inmueble». Los bienes «móviles» acompañan hasta el siglo XVII al señor feudal en todos sus desplazamientos (tanto temporales como de cambios de residencia). En sus incesantes viajes, el señor sólo dejaba tras de sí los muros de su castillo, los bancos de piedra y los ornamentos esculpidos. El hombre medieval poderoso se desplazaba siempre con sus pertenencias, que funcionaban como extensiones «móviles» de su persona legal. Esta existencia «amueblada», en el doble sentido de nómada y de connotada por objetos necesariamente transportables, es para Giedion resultado de la extrema precariedad de la vida en la Edad Media, tanto como de la necesidad de marcar el cuerpo con signos externos de poder que indiquen en todo momento el estatus social y político. De ahí que la austera silla medieval fuera no tanto un instrumento de confort y reposo corporal como un respaldo semiótico, un indicador de la función y el poder sociales.

Es posible situar la cama Playboy dentro de esta historia de transformación del mueble en la era de las telecomunicaciones. La cama giratoria se sostiene en equilibrio sobre la oposición entre la movilidad de la plataforma que gira y la estabilidad del mecanismo que la emplaza en un mismo lugar y que la mantiene en conexión con sus extensiones técnicas. Ocupante de la cama giratoria, el sujeto Playboy es un señor feudal pop cuyo mobiliario integra la función premoderna del mueble como signo portátil de estatus social y las funciones modernas del confort y de la construcción mediática del medioambiente. Como el señor feudal, el playboy necesita rodearse de sus muebles, auténticos respaldos semiótico-políticos sin los cuales pierde su identidad; como el sujeto moderno, el playboy hace que éstas se revistan de las cualidades hedonistas del confort y el bienestar; por último, como auténtico sujeto farmacopornográfico, el playboy tecnifica su mueble, al que se conecta prostéticamente, convirtiéndolo en un medio de comunicación que le permite *alucinar* la realidad o, por decirlo con las palabras de Gilles Deleuze, «viajar sin moverse del lugar».

La cama ultraconectada de Playboy gira sobre sí misma porque ya no necesita moverse de lugar para ser nómada. Playboy inventa con la cama giratoria el *nomadismo mediático*, que habría de convertirse después en una de las características del consumo del espacio en el siglo XXI. De ahí que el giro de 360 grados sea un movimiento reflejo que indica que el mundo de la información se mueve con la cama.

La vida en el huevo psicodélico

La cama giratoria era también un manifiesto: una exultante y barroca crítica de la segregación de los espacios, de la distancia entre entornos laborales y lugares de recreo, de la oposición tradicional entre los ambientes profesionales y privados. Eran las mediaciones tecnológicas −entre las cuales la cama constituye el ejemplo más glamouroso aunque no tan sofisticado− las que permitían al playboy llevar una vida pública sin salir de la protección del espacio interior. A partir de 1961, Hefner abandona por completo las oficinas de East Ohio Street y traslada su despacho a su habitación, o más exactamente a su cama. Comienza así una nueva etapa en la que Hefner se convierte, tal como lo describe su biógrafo Steven Watts, en «recluso voluntario» de su propio paraíso. «Para qué voy a salir, si todo lo que quiero está aquí», argumentaba Hefner.[174] El director de *Playboy,* que para entonces tenía casi cuarenta años y había ya acumulado una inmensa fortuna, pasaba el día entero en su cama giratoria, en pijama y batín, incluso en presencia de periodistas e invitados, comiendo barritas de chocolate Butterfinger y manzanas caramelizadas y bebiendo más de una docena de Pepsi-Colas diarias que provenían de una nevera dispensadora instalada al borde de la cama.[175]

Para su biógrafo Steven Watts, «el aislamiento físico y emocional tenía una base química».[176] Hefner había empezado a consumir Dexedrina, una anfetamina derivada sintéticamente a partir de la *Ephedra vulgaris,* que además de eliminar las sensaciones de cansancio y de hambre era un fuerte estimulante. La Dexedrina, como la Benzedrina, habían comenzado a comercializarse farmacológicamente en Estados Unidos en los años treinta «para mantener despiertos a sujetos sobredosificados de hipnóticos

174. Steven Watts, *Mr Playboy, op. cit.,* p. 198.
175. Réplica del protocolo infantil de Hefner, las legendarias fiestas de los viernes por la noche en la Mansión Playboy acabaron convirtiéndose en «Fiestas Pijama», en las que los invitados tenían que ir vestidos únicamente con chaquetas de esmoquin, trajes de noche y ropa interior. Gretchen Edgren, *Inside the Playboy Mansion, op. cit.,* pp. 66-67.
176. Steven Watts, *Mr Playboy, op. cit.,* p. 198.

o sedantes».[177] Paradójicamente, ésa era la droga del hombre que vivía en una cama: un antisomnífero. En los años cuarenta, se había extendido el uso de la Dexedrina por inhalación contra la congestión nasal, la alergia y el catarro común, pero también en grageas para el tratamiento del mareo, la obesidad y la depresión. Aunque sus efectos eran muy similares a los de la cocaína, la Dexedrina era un estimulante lícito. Las anfetaminas, como las publicaciones de imágenes pornográficas, habían servido de «apoyo logístico a las tropas» de ambos bandos durante la Segunda Guerra Mundial. Se dice que fueron los efectos euforizantes de la Dexedrina y la Benzedrina los que ganaron la Batalla de Inglaterra y que los pilotos kamikazes japoneses volaban hacia la muerte embalsamados en anfetaminas.[178] Pero será durante la posguerra cuando el uso de las anfetaminas y en concreto de la Dexedrina y la Methedrina, conocidas después simplemente como *«speed»*, se generaliza hasta llegar de nuevo a la población civil, a través de su introducción en el tratamiento médico de la depresión, la histeria o el alcoholismo. Es así como la Dexedrina llega hasta la casa suburbana durante los años cincuenta, suplementando la vida del ama de casa americana, aquejada de fatiga, depresión, y a la que una dieta hipercalórica y alta en glucosa y una vida sedentaria empujan hacia la obesidad. Durante las décadas de los cincuenta y sesenta, la «dexi» es la gran amiga del ama de casa americana, su aliada en las tareas domésticas, su alegre compañera, el secreto de su figura esbelta.

Así que no era el uso de anfetaminas lo que diferenciaba al por lo demás excéntrico Hefner de la común ama

177. Véase Antonio Escohotado, *Historia general de las drogas*, Espasa Calpe, Madrid, 2008, p. 758.
178. *Ibid.*, p. 760.

161

de casa americana. Las anfetaminas eran una base farma-copornográfica compartida por amas de casa y hombres de negocios, por Marilyn Monroe, Jack Kerouac o el presidente John Kennedy y su esposa (que incluso viajaban con su propio médico para administrarse anfetamina por vía intravenosa).[179] Lo que establecía la diferencia entre Hefner y el ama de casa no era por tanto la sustancia, sino las dosis. En 1959, Hefner consumía dexis sin parar y estaba totalmente enganchado. Uno de los empleados que trabajaban para él en esa época recuerda: «Hefner podía estar despierto durante tres o cuatro días, sin comer ni dormir, trabajando febrilmente, sin apenas pestañear, concentrado como un maniaco.»[180] En ese estado de agitación, el objetivo de la cama ya no era simplemente proporcionar un buen sueño, sino servir como soporte de una atmósfera. Además, convencido de que una buena distribución de «píldoras naranjas» agilizaba el trabajo en la oficina y mejoraba el rendimiento, Hefner las distribuía habitualmente entre sus empleados, como muestra un informe interno de la compañía en el que Hefner solicita a Lownes una provisión de carburante: «Pidamos una nueva remesa de Dexedrina para el cuarto piso. La cantidad está bajando y el funcionamiento de *Playboy* depende de esas pequeñas píldoras naranjas.»[181] Hiperactivo, Hefner dicta a una grabadora interminables mensajes que son después transcritos por dos secretarias que trabajan para él relevándose

179. Hoy se conoce la época de 1929 a 1971 como la «Primera epidemia de anfetamina americana». Véase Nicolas Rasmussen, «America's First Amphetamine Epidemic 1929-1971: A Quantitative and Qualitative Retrospective with Implications for the Present», *American Journal of Public Health*, vol. 98, n.º 6, junio de 2008, pp. 974-985.
180. Steven Watts, *Mr Playboy, op. cit.*, p. 198.
181. *Ibid.*

día y noche. Los empleados, abrumados por el flujo de información que emerge de la habitación de Hefner, se quejan de «tener que tomar una dexi para poder entender sus notas».[182] A principios de los sesenta, algunos redactores de *Playboy*, agotados por el consumo y por la presión laboral, abandonan la revista. Es en este periodo cuando Hefner se convierte en un ser invisible, que nunca sale de lo que sus colaboradores describen ya como su «búnker». Mientras las constructoras americanas diseñaban casas subterráneas, Hefner había encontrado su propia variante intradoméstica del refugio antiatómico.[183] Su asistente ejecutivo, Dick Rosenzweig, no dudaba en llevar la comparación concentracional al límite denominando la habitación de Hefner un «Dachau» en el que el jefe de Playboy, que vivía a base de dexis, se había convertido en pura «piel y huesos».[184] Entretanto, en esas mismas fechas, el *Newsweek* se refiere a Playboy como un auténtico imperio, un «conglomerado de industria del ocio, industria inmobiliaria y prensa».[185] La producción crece, las ventas de la compañía se disparan y Playboy se consolida como una de las mayores potencias económicas mundiales. El capitalismo farmacopornográfico era eso.

182. Steven Watts, *Mr Playboy, op. cit.*, p. 199.

183. Sobre la construcción de refugios antinucleares en Estados Unidos durante los años posteriores a la Segunda Guerra Mundial véase el trabajo de Beatriz Colomina en el capítulo «La casa subterránea», *La domesticidad en guerra*, Actar, Barcelona, 2007.

184. Steven Watts, *Mr Playboy, op. cit.*, p. 199.

185. *Ibid.*

Una celda esponjosa para un monje farmacopornográfico

Al analizar las relaciones entre técnicas de poder, cuerpo y producción de subjetividad, Michel Foucault establece, en *Vigilar y castigar*, una estricta continuidad entre las células unicorporales de las arquitecturas disciplinarias típicas del siglo XIX y la celda medieval. Las celdas religiosas son, dice Foucault, «disciplinas de lo minúsculo», en las que una nueva forma de poder actúa a través del «detalle».[186] La tradición del encierro solitario se remonta a las reformas benedictinas y cistercienses, a la práctica dominicana y jesuítica del aislamiento como forma de ascesis. Estas islas disciplinarias, marginales en el medievo, son para Foucault vectores de innovación social que permitirán llevar a cabo el tránsito desde formas soberanas de poder hacia técnicas modernas de control y vigilancia.[187] Las celdas monacales son pequeños laboratorios somatopolíticos donde se organizan, en la periferia de las grandes instituciones medievales, las estrategias disciplinarias que después serán desplegadas a partir del siglo XVIII. La prisión de Walnut Street, construida en Pensilvania en 1790, será uno de los primeros espacios donde se lleve a cabo la implantación y extensión de este modelo disciplinario de la célula de aislamiento. Podríamos decir que las arquitecturas disciplinarias serán el producto secularizado de las células de aislamiento monástico en las que se gesta por primera vez el individuo moderno como alma encerrada en un cuerpo.

186. Michel Foucault, *Surveiller et Punir*, Gallimard, París, 1975. Trad. castellana: *Vigilar y castigar. Nacimiento de la prisión*, Siglo XXI, Buenos Aires, 2005, p. 143.
187. François Boullant, *Michel Foucault et les prisons*, PUF, París, 2003, p. 49.

Se produce así una desacralización de la celda de aislamiento que, en un marco de racionalización económica y de reforma cuáquera y protestante, va a convertirse en un dispositivo penitenciario (de hecho la palabra *«penitentiary»* proviene del lenguaje cuáquero en el que la penitencia y el autoexamen son técnicas de purificación). La celda y el examen de conciencia (presentes tanto en el aislamiento religioso como en el penitenciario) funcionan aquí como mecanismos de «sutura», como rituales espaciotemporales que permiten llevar a cabo la transición desde los modos soberanos de dominar el cuerpo hacia las formas disciplinarias de controlarlo.

Si para Foucault la celda del monje, durante la Edad Media, había sido una suerte de incubadora biopolítica en la que se pondrían a prueba, como en un excéntrico laboratorio experimental, las técnicas del cuerpo y del alma que llevarían a la invención del individuo moderno que dominaría los modos de producción de conocimiento y de verdad a partir del Renacimiento, podemos decir que la habitación de Hefner y su cama giratoria funciona, durante la guerra fría, como un espacio de transición en el que se modeliza el nuevo sujeto prostético y ultraconectado y los nuevos placeres virtuales y mediáticos de la hipermodernidad farmacopornográfica. La nueva celda multimedia era, como bien la había descrito Tom Wolfe en 1965 tras entrar en la habitación de Hefner, «el tierno y algodonado corazón de una prisión-alcachofa»[188] en el que el director de *Playboy* yacía cómodamente encerrado. En torno a la cama, las capas de la casa, hechas de cortinas, paredes, puertas, pero también de cables, pantallas, cámaras y altavoces, se repliegan unas sobre otras, haciendo que la habi-

188. Tom Wolfe, «Hugh Hefner, Chicago Recluse», *op. cit.*

tación sea al mismo tiempo absolutamente opaca y totalmente conectada, impenetrable y virtualmente expandida. El monje de Durero se había convertido en un playboy. Entre ambas figuras heroicas de la masculinidad se alzaba, como una sombra, la imagen de la familia heterosexual, la casa suburbana y la mujer cautiva.

La cama Playboy es al hábitat multimedia de la era del consumo farmacopornográfico de la información lo que la celda del monje medieval es al domicilio burgués: una punta de lanza, el primer escalón de una mutación imparable. Como en el caso de la celda, no hay simplemente innovación, sino cúmulo de técnicas que históricamente habían pertenecido a otros cuerpos, otros objetos, otros espacios y otras prácticas. La evolución de la cama y sus funciones se condensan en la cama Playboy como si ésta fuera un *collage* en el que los elementos citados no se suman sino que se integran, generando complejidad. Se recombinaban en ella modelos arquitectónicos de producción de estatus, confort, mantenimiento de la vida y comunicación que provienen de diversos ámbitos institucionales y de distintos momentos históricos.

En primer lugar, la cama Playboy puede considerarse una versión pop de las camas ortopédicas que habían aparecido durante el siglo XVIII y que, mejoradas por la medicina militar después de las dos grandes guerras, habían servido de instrumento hospitalario de soporte y control del movimiento del cuerpo enfermo, amputado o privado de movilidad (véase imagen 9).[189] Russell Miller, por ejemplo, describe la negativa de Hefner a salir de la cama como

---

189. El sillón ajustable Wilson fue la primera introducción de la silla ortopédica de hospital en el ámbito doméstico en 1875. Véase Sigfried Giedion, *La mecanización toma el mando, op. cit.*

una patología, reflejo de una minusvalía física y de una compulsión de orden sexual que le obligaba a vivir en posición horizontal y a huir del mundo real, «mimado y a salvo en su ciudadela sensualista».[190] Hefner, anticipando el sedentarismo por venir, había decidido vivir voluntariamente como un discapacitado motor al que la cama (y sus suplementos farmacológicos) servían como una prolongación de sus miembros y de sus sentidos. Como la lógica de la prótesis prometía, la posición horizontal acabará por generar, retroactivamente, cierta discapacidad motriz en el cuerpo de Hefner. A los ochenta y dos años, confesaba a la cadena Fox News tener una salud de hierro excepto por interminables problemas de espalda: «Hace más de veinte años que sufro de lumbalgia. Demasiados años tumbando en la cama jugando.»[191] Inmóvil y encamado por elección, Hefner había inventado una variante pornopop de la discapacidad motriz, mostrando que los modos futuros de producción y consumo demandarían formas prostéticas y ultraconectadas de in-movilidad.

La cama Playboy no es sólo una plataforma ortopédica, sino también una prótesis multimedia, un útero de sustitución en el que su ocupante puede crear una atmósfera mediática totalmente controlada a través del flujo de información y de la ingestión de moléculas sintéticas. La cama giratoria, proporcionando al cuerpo que la habita acceso al control del medio ambiente y al placer a través de la imagen, es en realidad una prótesis de la masculinidad heterosexual —con independencia del sexo biológico del cuerpo que la habite.

190. Russell Miller, *Bunny, op. cit.*, p. 20.
191. Hollie McKay, «Pop Tarts: Bedroom Mischief Causing Health Problems for Hugh Hefner», Fox News, 24 de junio de 2008.

Playboy parecía haber construido lo que en 1934 Lewis Mumford denominaba un «medio ambiente mecánico» capaz de «absorber el choque de lo real» y de crear «excitaciones subrogadas».[192] Sin embargo, a diferencia de la mumfordiana desconfianza frente al dominio mecánico, Playboy presentaba la cama giratoria como una tecnología utópica que dejaba atrás no sólo la diferencia ergonómica entre la máquina y el mueble, sino también la metafísica distancia entre máquina y cuerpo. Ambos, se reconciliaban a través de la producción de capital. La cama Playboy pretendía funcionar como un interfaz farmacopornográfico: todo lo que pasaba por ella era o sería convertido en información y placer, y, con un poco de suerte, en capital.

Fiel a las utopías y los diseños arquitectónicos de su tiempo, la cama giratoria es una cápsula para el playboy. Buscando funcionar como un útero telecomunicante, la cama Playboy se aproximaba tanto a las cápsulas que la NASA estaba ya elaborando para sus proyectos aeroespaciales como a los diseños prostéticos y los refugios hinchables que proliferarían poco después en la arquitectura radical como el Living Pod (1966) y la Inflatable Suit-Home (1968), de David Greene, el Cushicle (1966) de Michael Webb, ambos del grupo Archigram,[193] o el Flyhead (1968) y el Mind Ex-

192. Lewis Mumford, *Technics and Civilization*, Harvest, Orlando, Florida, 1963, p. 316.

193. El «Living City Survival Kit» que Archigram expone en el Institute of Contemporary Art de Londres en 1963 presenta ya una versión Playboy de la ciudad en la que la arquitectura urbana había desaparecido y había sido sustituida por un kit de supervivencia en el que se podían encontrar los bienes de consumo de la cultura de masas de los sesenta: discos de jazz, Coca-Colas, copos de trigo inflado, Nescafé, una pistola, unas gafas de sol, dinero y, cómo no, una revista *Playboy*. Como señala Rayner Banham, el kit de supervivencia urbana no es más que «un dispositivo para que el joven y hip flâneur masculino» pueda ver la ciudad.

pander (1967) de los austriacos Haus-Rucker-Co (véanse imágenes 13 y 14). Es interesante que estas arquitecturas capsulares, a diferencia de la celda monacal, ya no fueran pensadas como islotes individuales sino como contenedores heterosexuales. Ése era el caso, por ejemplo, del Mind Expander, pensado como hábitat de expansión mental para dos personas, a juzgar por las representaciones habituales, de sexo diferente. Diseñadas en el periodo de la experimentación con las drogas de los sesenta, estas extensiones técnicas del cuerpo pretendían funcionar como arquitecturas psicodélicas. Estas cápsulas, en este sentido similares a la cama Playboy, buscan intensificar, ampliar o distorsionar la experiencia del cuerpo y de los sentidos a través de la conexión de éstos con las tecnologías psicotrópicas y de la comunicación. Anticipando los diseños de los sesenta, la cama giratoria de Hefner era una suerte de Mind Expander heterosexual polígamo, un Playboy Pod en el que circulaban cuerpos, imágenes, lenguajes y drogas.

La cama Playboy superpone a esta estructura capsular y prostética una arquitectura de poder que proviene de la función tradicional que la cama real había desempeñado hasta el siglo XVIII. En el tercer volumen del *Dictionnaire de l'ameublement et de la décoration* (1887-1890), Henry Havard describe la aparición de la llamada *«lit de justice»* como una cama utilizada como escenario público de la realeza. En los regímenes monárquicos centroeuropeos, durante el siglo XIV el rey se presenta en el Parlamento tumbado en una cama elevada sobre un estrado, rodeado por sus súbditos (véase imagen 8). Con el tiempo, la combinación de escenificación del poder y la posición recostada dará lugar a la llamada *«lit de parade»:* un estatus social notable permitía a un cuerpo presentarse en público en posición horizontal y recibir visitas sin necesidad de levan-

tarse de la cama. Como señalan Mary Eden y Richard Carrington en *The Philosophy of the Bed*, la «*lit de parade*»:
«confería un prestigio innegable y sugería superioridad de
estatus, algo que, paradójicamente, habría sido mucho
menos aparente en posición vertical».[194] Curiosamente, en
Francia, la «*lit de parade*» se convierte durante los siglos
XVIII y XIX en una práctica habitual entre cortesanas y
prostitutas que reciben a sus clientes acostadas y *en désha-
billé*. El escritor Tom Wolfe había intuido la relación entre poder y placer que generaba la cama giratoria: «Hefner
ocupa el centro del universo, su imagen repetida cada vez
que la cama da un nuevo giro, instalado en el centro de
un universo que puede controlarse y donde él es el único
monarca que nadie puede expulsar, siempre zambulléndo-
se en él... [...] Tras cada nuevo giro, el nirvana, la ambro-
sía, aquí, en el centro, para que todos puedan verlo, el faro
de Playboy.»[195] Conectada más directamente con la escenificación real del poder y con la erotización del cuerpo
público que con la verticalidad de la masculinidad norteamericana de los años cincuenta, la cama giratoria es un
híbrido electrificado de la «*lit de justice*» y la «*lit de parade*» que confería poder al mismo tiempo que remitía a hábitos tradicionales del consumo de la sexualidad.

La cama giratoria suscitó en los años sesenta tanto la
fascinación de los lectores de *Playboy* como numerosas críticas de aquellos que, desconfiando de la tecnología, veían
en el mecanismo un usurpador de la soberanía del sujeto
masculino adulto durmiente tradicional. La cama dejaba
aquí de ser pensada como un mueble para ser entendida

194. Mary Eden y Richard Carrington, *The Philosophy of the Bed*,
op. cit., p. 73.
195. Tom Wolfe citado en Russell Miller, *Bunny, op. cit.*, p. 9.

como un síntoma clínico, un monumento enfermizo en la topografía psíquica de su usuario. Russell Miller describía la cama giratoria como el síntoma de lo que más tarde sería denominado síndrome de Peter Pan: la enfermedad de un adulto regresivo y narcisista que se refugia en una infancia artificial: «Un hombre que se niega a crecer, que vive en una casa llena de juguetes, que dedica buena parte de su energía a jugar juegos de niños, que se enamora y desenamora como un adolescente y que se enfada si descubre grumos en la salsa.»[196] Para la revista *Time*, la cama había robado a Hefner la capacidad de entrar en contacto con el mundo directamente, sacándolo de las coordenadas espaciotemporales y transformándolo en un «hombre electrónico» que «evita el cara a cara y obtiene información del exterior a través de los periódicos, las revistas y ocho monitores de televisión. Nunca ve un programa de televisión cuando lo ponen, sino que lo graba y lo ve más tarde, por lo que guarda cientos de cintas de vídeos grabadas».[197]

Si las modernas relaciones sociales, como señalaba Sigfried Giedion y lamentaba Henri Lefebvre, siempre están mediatizadas por objetos,[198] en el caso de Hefner la mediación, encarnada en la cama giratoria, ha sido llevada al extremo. Como ya sucedía con los bocetos de 1956 para el ático Playboy y en 1959 con la casa Playboy de Jaye que nunca se construyó, en el gran dormitorio de la Mansión Playboy la máquina parece haber incorporado también la voluntad subjetiva, prefigurando no sólo sus movimientos

196. Russell Miller, *Bunny, op. cit.*, p. 1.
197. «Magazines: Think Clean», *Time*, 3 de marzo de 1967, «Cover Story».
198. Sigfried Giedion, *La mecanización toma el mando, op. cit.;* Henri Lefebvre, *Position: Contre les technocrates,* Gauthier, París, 1967.

y actuaciones, sino también sus afectos y deseos. Podríamos decir que la casa Playboy, en un sentido estrito, no es ni habitada ni visitada, sino antes bien incorporada, siendo los dispositivos arquitectónicos y visuales verdaderas prótesis del playboy (ya no *«célibataire»* como en Duchamp, sino divorciado adicto al sexo). La cama giratoria funciona como una prótesis farmacopornográfica multimedia a la que el playboy –como un curioso soldado herido que nunca ha ido a la guerra o un adulto que nunca ha abandonado la infancia– se conecta. Es esta conexión multimedia la que le permite entrar en contacto con el mundo exterior, sin dejar por ello de permanecer básicamente encapsulado, transformando a la vez su pasividad en sexualidad y negocio, en placer y trabajo. Más que diagnosticar las prácticas de Hefner como indicios de una patología, parece pertinente describir la sociedad americana de la posguerra en su conjunto como una sociedad progresivamente prostética en la que la casa Playboy, al mismo tiempo banal y excéntrica, funciona como una pornotopía consumible públicamente.

10. PRODUCTOS ESPACIALES DERIVADOS: LA EXTENSIÓN DEL ARCHIPIÉLAGO PLAYBOY

En febrero de 1960, Hefner inauguró el primer club Playboy en el 116 de East Walton Street de Chicago, a pocas manzanas de distancia de la Mansión Playboy. Parte de un mismo flujo semiótico y económico, la Mansión, el club y los espacios virtuales creados por la revista formaban un archipiélago Playboy. El club fue diseñado como una reconstrucción externa y públicamente accesible del interior de la Mansión. «Cada una de las cuatro plantas fue diseñada como una de las "habitaciones" del mítico y fabuloso espacio del soltero: había una Sala de Juegos, un Ático, una Biblioteca y una Sala de Estar.»[199] Como en el artículo sobre el ático de soltero playboy publicado en 1956 por la revista, el billete de acceso al club era una llave con el logotipo del conejo por el que los visitantes pagaban cinco dólares. Sometidos a las mismas leyes que imperaban en la fantasía televisiva de Playboy, los clientes podían ver pero no estaban autorizados a tocar a las más de treinta trabajadoras que animaban cada planta del local. Sólo los clientes privile-

199. Russell Miller, *Bunny, op. cit.*, p. 81.

giados, considerados «invitados especiales» y no simples visitantes, recibían una «Llave Número 1», que les autorizaba a ser acompañados por las conejitas fuera del club, pero nunca en calidad de trabajadoras sexuales sino de simples «amigas».

Al estudiar las configuraciones arquitectónicas generadas por el capitalismo global, Keller Easterling define los «productos espaciales» como nuevos espacios híbridos, auténticos «cócteles inmobiliarios» que existen fuera de las normativas legales o morales habituales, amparados únicamente por las leyes del mercado: complejos turísticos, parques de atracciones, campus tecnológicos e industriales, aeropuertos, campos de golf, estaciones de esquí, ferias de exposiciones, complejos comerciales... forman parte de estos nuevos enclaves que aspiran a convertirse en mundos totales.[200] El club Playboy, concentrado de industria del espectáculo y del turismo, es sin duda el primer y más genuino «producto espacial» derivado Playboy. El club, como su primer director Victor Lownes expresó en 1960, era simplemente la «materialización del estilo de vida Playboy»:[201] la expresión del poder de Playboy Enterprises para crear un mundo. Como Easterling ha señalado, los «productos espaciales» no se comportan como objetos mercantilizables sino que funcionan, según el modelo que Giorgio Agamben identifica en su análisis del campo de concentración, como «lugares de excepción», «localizaciones dislocadas», universos utópica o distópicamente herméticos, capaces de diseñar sus propias reglas y formas de

200. Keller Easterling, *Enduring Innocence. Global Architecture and Its Political Masquerades,* The MIT Press, Cambridge, Massachusetts, 2005, pp. 2-3.
201. Steven Watts, *Mr Playboy, op. cit.,* p. 160.

organización.[202] Como los complejos turísticos, el club Playboy se presenta como una suerte de Estado Vaticano del vicio instalado dentro de otro estado, en el que despliega una fantasía accesible de placer y excitación.[203] Como cita exteriorizada de la Mansión, el club Playboy funcionaba como un domicilio subrogado, un parque temático posdoméstico y un paraíso performativo en el que el espacio era capaz de transformar a cualquier hombre en playboy. Aquí son el espacio mismo y la interioridad los que son objeto de transferencia y consumo: el cliente anónimo compra el derecho de acceder a un interior ficticio, donde puede hacerse pasar por el soltero ideal durante unas horas.

La estandarización espacial, la creación de iconos visuales simbólicamente vacíos y la modelización del comportamiento del habitante son características comunes a los productos espaciales del archipiélago Playboy. Art Miner, el arquitecto que realizaba la decoración interior de los clubs, explica de este modo la relación entre imitación y singularidad: «Nadie ha diseñado tantos clubs como nosotros, pero cada uno de ellos tiene un toque único y al mismo tiempo es parte de la atmósfera total del club Playboy. La sensación que queremos crear es familiaridad, no similaridad... En nuestros edificios y diseños "el sentimiento del lugar" es lo que siempre intentamos conservar, creando al mismo tiempo el "sentimiento Playboy".» El arquitecto y diseñador Miner describía los clubs como una suerte de «Rabbitat», un hábitat-conejo donde tanto el es-

202. Giorgio Agamben, *Homo Sacer*, Pre-Textos, Valencia, 2003.
203. Me permito atribuir aquí a Playboy la condición de «Estado Vaticano» que Keller Easterling confiere a los complejos turísticos, *Enduring Innocence, op. cit.*, p. 14.

175

pacio como las conejitas habían sido diseñadas para acentuar ese sentimiento.[204]

El primer uniforme de conejita, parte de este proceso de estandarización espacial, fue diseñado para vestir a las trabajadoras del primer club de Chicago en 1960. Heredero todavía de la mutación desde el conejo masculino doméstico a la coneja, el uniforme comenzó siendo un femenino y escotado bañador de satín, complementado con el cuello, los puños blancos y una pajarita típicos de un traje de caballero, al que se añadía el toque animal de las orejas y el rabo de algodón.[205] Por último, la modelización del comportamiento de las conejitas era tan importante como el uniforme. Las normas que regían la conducta de las conejitas en el club se encontraban en el «Manual de Conejas» escrito por Keith Hefner y en una película con instrucciones a través de la que las trabajadoras aprendían a realizar las tres coreografías básicas: el *«Bunny Stand»*, que indicaba a la camarera cómo tenía que estar de pie, el *«Bunny Dip»*, que le enseñaba cómo inclinarse para servir una copa, y el *«Bunny Perch»*, que explicaba cómo debía descansar sin sentarse dando la apariencia de estar siempre disponible.[206] Indisociables del decorado de los clubs, las Bunnies, como una variación del espectáculo debordiano, eran capital Playboy acumulado hasta tal punto que se convierte en cuerpo.[207]

204. *VIP Playboy*, septiembre de 1966, p. 13.
205. El clásico uniforme fue renovado en 2006 por el diseñador italiano Roberto Cavalli para la inauguración de la torre del hotel y el spa Playboy Palms Casino de las Vegas.
206. Kathryn Leigh Scott, *The Bunny Years, op. cit.*, p. 26.
207. Me refiero aquí a la conocida definición de «espectáculo» de Guy Debord como «capital acumulado hasta tal punto que se convierte en imagen», *La sociedad del espectáculo* (1967), Pre-Textos, Valencia, 2002.

A pesar de la insistencia de la revista por definir sus espacios como «modernos», los diseños de los clubs no se asemejaban tanto al «Internacional Style» como a la noción popular de moderno que circulaba en la América de los años sesenta: el uso del cristal, de la fibra de vidrio, de los colores, de los logos, pero sobre todo la tecnificación de las funciones telecomunicativas del espacio interior. Sin embargo, nada de todo eso era excepcional en los clubs nocturnos. Lo que el arquitecto de Playboy denominaba «una revolución en el diseño hotelero»[208] no era sino la superposición en un solo edificio de los programas hasta ahora desplegados por el hotel, el club nocturno y las salas de striptease: los clubs Playboy, además de contar con un escenario y una sala de bailes, permitían a los visitantes pasar la noche en el hotel.

De hecho, la referencia constante de *Playboy* al «diseño moderno» servía como una noción higiénica que buscaba separar el club de sus conexiones con el burdel tradicional. En la mayoría de los casos, este proceso de limpieza implicaba una ruptura entre la fachada y el espacio interior del club. Mientras la fachada de muchos de los clubs solía ser acristalada y con paneles de colores que exhibían el logo Playboy, el diseño interior era semejante al de los salones de alterne y las salas de striptease, como el famoso Gaslight Club de Chicago, creado en 1953, que había inspirado el primer club Playboy.[209]

Esta operación higiénica era especialmente importan-

---

208. Art Miner, *VIP Playboy*, septiembre de 1966, p. 12.

209. La revista *Playboy* había dedicado un artículo al Gaslight Club de Chicago en el número de noviembre de 1959 (pp. 25-27). Del Gaslight, *Playboy* tomó la idea del club selecto de miembros, la llave como carnet de acceso al club e incluso el estilo de las Bunnies.

te cuando el club Playboy estaba instalado en uno de los antiguos burdeles de la ciudad, como en Nueva Orleans o en San Francisco. La revista *VIP Playboy,* dedicada a la actualidad de los clubs, describe de este modo el club de San Francisco: «Hace un año, cuando las grúas empezaron a trabajar sobre una construcción de estilo vagamente italiano renacentista en el número 736 de Montgomery Street preparando el terreno para el edificio Playboy Bunnydom, un historiador local llamado Lund nos informó de que la estructura que estábamos destruyendo había sido construida en 1853 y que se hacía llamar "la casa de la esquina", había sobrevivido al fuego de 1906 y a un terremoto para acabar perdiendo la reputación en 1951 cuando los burdeles empezaron a florecer en el barrio. Hoy los burdeles han desaparecido y el área de Telegraph Hill es el centro sofisticado de la vida nocturna del Golden Gate. Dentro de unos meses, la casa de la esquina cerrará sus puertas y se convertirá en el club más elegante de San Francisco.»[210] El supuesto «diseño moderno» de los clubs Playboy era una arquitectura de camuflaje que, como un espía, figura central de la guerra fría, enmascaraba cualquier conexión de Playboy con las formas tradicionales de consumo del sexo en la ciudad.

Haciendo de la higiene urbana una misión de Playboy, Hefner pretendía que la extensión de su archipiélago contribuyera a acabar con los antiguos espacios de prostitución en la metrópoli. El autor del artículo «No hay lugar para el vicio», publicado en la entrega de enero de 1959 de *Playboy,* sugiere que la modernización de Estados Unidos en los años posteriores a la guerra debe conducir al abandono de los viejos «barrios chinos» y «viejos teatros

---

210. *VIP Playboy,* julio de 1966, p. 3.

pecaminosos» en beneficio de la creación de nuevos «barrios de solteros». Paralelamente, opone las viejas formas de «prostitución» a las nuevas modalidades de «libertad sexual femenina»: «No hay prostitutas en Chicago por la misma razón por la que no hay sombreros de paja en el Polo Norte, y si las hubiera se morirían de hambre, afirma el detective Sweitzer. Una de cada cuatro mujeres jóvenes mayores de dieciocho años que vive en la ciudad de Chicago es sexualmente muy activa, bien por razones románticas o por motivos económicos. Por lo general, por los dos... Además, debe de haber al menos cien mil chicas viviendo en pisos de solteros, donde pueden dedicarse a recibir y entretener a sus jefes y socios laborales. Desde que soy agente de policía, no conozco a ningún habitante de Chicago que se declare sexualmente frustrado. Todo lo contrario.»[211]

El artículo, que despliega uno de los argumentos centrales del capitalismo farmacopornográfico, no está dedicado, como pretende la habitual crítica feminista antipornografía de *Playboy,* a ensalzar la liberalización del mercado sexual: no se trata de que los servicios sexuales previamente ofrecidos por un grupo reducido de mujeres que eran consideradas prostitutas se «democraticen» y se extiendan al conjunto de la población femenina de Estados Unidos, sino que la transformación del trabajo en ocio, promovida por *Playboy* y convertida por la revista en la principal hoja de ruta del nuevo estilo de vida del soltero, encuentra su equivalente en la capacidad de la *playmate* para transformar el trabajo sexual en entretenimiento. No hay prostitución, entendida en un sentido tradicional,

---

211. Ben Hecht, «No Room for Vice», *Playboy,* enero de 1959, p. 52.

porque no hay remuneración por los servicios sexuales femeninos. *Playboy* no pretende transformar a todas las jóvenes americanas en prostitutas, sino, aún más interesante y provechoso, intenta que tanto hombres como mujeres se conviertan en clientes (más que en trabajadores) consumidores de la pornotopía sexual Playboy y de sus productos derivados.[212] En este sentido Playboy era un síntoma más de la mutación desde las formas tradicionales de represión y control de la sexualidad que habían caracterizado al capitalismo temprano y su ética protestante hacia nuevas formas de gobierno de la subjetividad y control del cuerpo horizontales, flexibles y picantes que habían sustituido la camisa de fuerza por dos orejas de conejo y una esponjosa colita.

Propagando el hábitat-conejo, entre 1961 y 1965 Playboy construyó dieciséis clubs en Estados Unidos: Nueva York, Miami, Nueva Orleans, Saint Louis, Los Ángeles, Boston, Baltimore, San Francisco... De todos ellos, el más llamativo era el Playboy Center Club de Los Ángeles, en el que se había construido un ático y una habitación VIP con vistas sobre la ciudad. La conquista del espacio interior, fomentada por la revista *Playboy* a comienzos de 1953, comenzaba a tomar cuerpo. Además, en 1965 Playboy inscribe su éxito económico sobre la cartografía urbana de Chicago adquiriendo el emblemático rascacielos de 37 pisos conocido como el Edificio Palmolive en el número 919 de North Michigan Avenue. A principios de los años setenta, Playboy diseminó los clubs por todo el mun-

212. Ese objetivo es hoy realidad: la mayor parte de los consumidores de productos Playboy (accesorios, programas televisivos y vídeos son hoy fuentes de ingreso que han superado las de la revista a partir de finales de los años ochenta) son mujeres.

do, creando lo que el departamento de diseño denominaba el «Club infinito», que permitiría a Hefner dar la vuelta al mundo alojándose únicamente en espacios Playboy. Cada ciudad debía tener su club. Como Richard Corliss escribía en la revista *Time*, jugando con la similitud de las palabras urbano y *bunny*, conejo, «la urbanidad de Playboy se había transformado en *urbunnidad»:* un continuo club posdoméstico habitado por idénticas conejas y aspirantes a solteros playboy abanderaba el planeta.

En realidad, en términos de arquitectura, los espacios derivados Playboy no estaban próximos al «International Style», sino más bien a los movimientos críticos de la arquitectura moderna que aparecerán a finales de los años sesenta, marcados por el hedonismo, la psicodelia, la cultura popular, la radicalización de los presupuestos políticos de la arquitectura, la arquitectura corporativa y el posmodernismo. Además, el decorado homogéneo de cada uno de los espacios Playboy, así como la extensión del logo a todos los accesorios y trabajadores de la compañía, permite pensar Playboy en relación con la arquitectura y la señalización de los espacios y logias de las sociedades masónicas del siglo XVIII estudiadas por Anthony Vidler.[213] Lo curioso en el caso de Playboy es que una empresa de publicaciones y comunicaciones buscara comportarse como una hermandad secreta. En realidad, podríamos describir Playboy como la realización de una hermandad erótico-consumista en la era del capitalismo farmacopornográfico: la Mansión, representada como la logia-madre, era en realidad un escenario multimedia; y el logo, aparentemente un símbolo secreto de vicio y transgresión, no era sino un accesorio del mercado de masas.

213. Anthony Vidler, *El espacio de la Ilustración, op. cit.,* pp. 127-159.

Para finales de los años sesenta, como señala la revista *Time*, tanto los clubs Playboy como la Mansión de Chicago «se habían convertido en importantes atracciones turísticas, con visitas guiadas a las que casi cualquiera podía tener acceso. Aquéllos eran también monumentos del éxito comercial americano. Pero, a diferencia de otros negocios de Chicago, la industria Playboy no estaba basada en acero, grano o transporte, sino en una simple revista».[214] La Mansión y sus productos espaciales derivados eran la expresión de una nueva relación entre la arquitectura y el capitalismo cuyas fuentes de producción eran el placer y la comunicación audiovisual.

La Mansión Playboy West: Una «follie» multimedia en Hollywood

A finales de los años sesenta, a medida que los centros de producción económica y comunicativa de Estados Unidos se iban deslizando hacia la Costa Oeste, Playboy Enterprises experimentaba también un alejamiento progresivo de Chicago. Hefner, a pesar de su resistencia a abandonar la Mansión, se había visto obligado a desplazarse regularmente a Los Ángeles para participar en el rodaje del programa de televisión *Playboy After Dark*, alojándose en el ático del club Playboy. Bajo las cámaras de televisión, en «directo», Hefner se había enamorado de la estudiante Barbara Klein, que se convertiría pronto en la *playmate* Barbie Benton y en su acompañante habitual.

Para ese momento, Hefner, casi convertido en un fan-

214. *Time*, «Think Clean», 3 de marzo de 1967, archivo disponible en internet.

182

tasma de interior, y sobre el que pesaban fuertes sospechas de toxicomanía, había encontrado el modo de salir de casa y viajar a la Costa Oeste sin abandonar su hábitat: en 1967 compró un avión DC9 al que llamó, siguiendo la clausura semiótica que caracterizaba a la empresa, *Big Bunny*, gran conejo. Si las casas eran incubadoras inmóviles, el *Big Bunny* era un auténtico vientre volador, un espacio transaccional, que transportaba al playboy de una residencia a otra sin romper el equilibrio medioambiental que la Mansión había creado. Pintado completamente de negro y con el logo Playboy en la cola, el *Big Bunny* había sido remodelado y decorado como una Mansión en miniatura, con sillas giratorias, una ducha para dos personas, un enorme sofá bar, una pista de baile e incluso una cama elíptica con equipo de sonido que recordaba la cama redonda de Hefner a la que se habían añadido cinturones de seguridad. El *Big Bunny* era, como lo describía la revista *Look*, el primer «apartamento de soltero con alas».[215] Y por supuesto, como todo espacio derivado Playboy, no podía existir sin sus conejitas: un equipo de azafatas vestidas con uniformes blancos y negros con minifaldas y botas altas hacía que el avión fuera un paraíso erótico Playboy. El avión, como la cama giratoria, mostraba que los productos espaciales derivados Playboy eran auténticamente heterotópicos, no estaban atados a una jurisdicción nacional o territorial, sino que creaban a medida que se desplazaban sus propias fronteras móviles. De este modo, en 1970 el *Big Bunny* permite por primera vez a Hefner realizar una vuelta al mundo turística. En realidad, haciendo escala en los escenarios más emblemáticos del mundo (el restaurante Maxim's en París, la Acrópolis de

---

215. Citado por Steven Watts, *Mr Playboy, op. cit.*, p. 210.

Atenas, la plaza de San Marcos de Venecia, la reserva animal de Kenia, las playas de Marbella, etc.), el avión no extrae a Hefner de su espacio Playboy, sino que al contrario, a través de la documentación audiovisual, permite labelizar esos enclaves turísticos, promocionados después por la compañía de viajes Playboy Tours y publicados en la revista *Playboy Gourmet*, como productos espaciales derivados Playboy. Excepto por esta corta salida, el resto de los viajes de Hefner tendrían siempre como objetivo visitar sus propios hoteles y clubs, islas aclimatadas en las que podía alojarse como si estuviera en su propia casa.

Finalmente, en 1971, afianzando la colonización Playboy hacia el oeste, Hefner compra una casa en Hollywood y entre 1972 y 1976 duplica su domicilio. Esa bilocación correspondía también a dos mujeres y dos formas de vida: Chicago y la Mansión Playboy eran su relación con Karen Christy, la revista y las formas tradicionales de hacer negocios; mientras que Los Ángeles y la Mansión Playboy West eran su nueva aventura con la jovencísima Barbie Benton, la televisión y la introducción de Playboy en nuevas formas de producción económica a través del medio audiovisual y de los productos espaciales derivados que en ese momento excedían con mucho los beneficios aportados por la revista.

En 1975, Hefner traslada su domicilio de forma definitiva a la Mansión Playboy West (véase imagen 19).[216] La casa, considerada el inmueble más caro de Los Ángeles, estaba situada en el barrio de Holmby Hills, tenía treinta habitaciones y tres hectáreas de jardines y bosques. Utilizada

216. Hefner dona entonces la Mansión de Chicago al Art Institute de Chicago. Hoy el edificio ha sido convertido en siete apartamentos de lujo.

hasta entonces como residencia ocasional de altos dignatarios, la casa había sido construida en 1927 por el hijo de Arthur Letts, el fundador de las boutiques de Broadway.[217] Refiriéndose a la expresión utópica que el escritor James Hilton utiliza en *Horizontes perdidos* para describir una mítica ciudad del Himalaya en la que se alcanza paz, felicidad y perfección, Hefner decide hacer de la Mansión West un «Shangri-La» en el centro de Los Ángeles. El arquitecto Ron Dirsmith, el mismo que se había ocupado de la decoración interior del edificio Palmolive en Chicago, fue el encargado de reconstruir la Mansión. Los trabajos de restauración duraron dos años y emplearon a cientos de obreros para la construcción de piscinas, pistas de tenis, salas de juegos, salón de cine, saunas, jacuzzis... y la que sería según Hefner el centro de la Mansión: una gruta natural que imitaba una cueva prehistórica y que los visitantes llamaban cómicamente «la gruta jurásica». Como en el ático de soltero y en «la cocina sin cocina», Hefner estaba obsesionado con «masculinizar» cada detalle de la casa, «desdomesticándola» y «desfeminizándola» para crear un «paraíso varonil» acentuado por elementos nobles (según Hefner: mármol, madera oscura, bronce y piedra) y accesorios tecnológicos.[218] Pero a diferencia de los diseños modernos que dominaban los proyectos para el ático de soltero publicados en la revista *Playboy* y de los interiores blancos, suaves y acristalados del Edificio Palmolive, no había ninguna decoración explícitamente moderna en la Mansión West, ex-

---

217. La Mansión West se convertirá después en un modelo para las construcciones estandarizadas de villas en Estados Unidos conocidas como McMansions. Véase Ada Louise Huxtable, *The Unreal America. Architecture and Illusion*, The New Press, Nueva York, 1997, pp. 66-67.

218. Steven Watts, *Mr Playboy, op. cit.*, p. 275.

cepto por la omnipresencia de tecnologías de vigilancia y reproducción audiovisual en cada espacio de la casa.

Mientras que la Mansión de Chicago era sobre todo un interior hermético, la Mansión West se asemejaba a una versión tardocapitalista y americanizada de las *follies* y los falsos decorados naturales que aparecen en los jardines franceses e ingleses del finales del siglo XVIII. Entre 1770 y 1790, nos recuerda Celeste Olalquiaga, en un periodo en el que las relaciones entre naturaleza y cultura estaban siendo modificadas radicalmente por la intervención de la tecnología de la máquina de vapor y la industrialización de los modos de producción, pero también un momento en el que las relaciones sociales entre nobleza y clases pobres se ven sacudidas después de la Revolución Francesa, proliferan las *follies* repletas de falsos organismos y falsas ruinas como un intento desesperado de solidificar otro tiempo y otras formas de poder y de representación. Las llamadas *follies* eran construcciones que agrupaban diversas referencias culturales y arquitecturas de distintos periodos históricos, entre las cuales las «falsas ruinas» y las «imitaciones de naturaleza» constituían elementos obligatorios. También conocidos como «jardines psicológicos», estos mundos fantásticos en miniatura pretendían transformar los bosques, lagos y cuevas en objetos capaces de ser reproducidos mecánicamente, en pequeños iconos culturales.[219]

Como en una *follie*, en la Mansión West los trabajos de renovación se habían centrado en la modificación casi total del paisaje exterior: Dirsmith había construido senderos, colinas, cascadas, lagunas conectadas, todo ello con vegetación y piedra natural. La Mansión West era una *fo-*

219. Celeste Olalquiaga, *The Artificial Kingdom. On The Kitsch Experience,* University of Minnesota Press, Minneapolis, 1998, pp. 133-142.

llie-hippie, un falso jardín urbano, un gran zoo-homo-ló-gico en el que animales y humanos desnudos sin distinción compartían un espacio que pretendía ser un Edén aclimatado: lamas, pavos reales, flamencos, perros, ocas, cacatúas y chimpancés vivían en los jardines de la casa, se bañaban en las piscinas con los invitados e incluso se sentaban frente al fuego de la chimenea. El centro de esta pornotopía naturalizada era sin duda la gruta con peces, aguas termales y cascadas. A diferencia de la gruta de la Mansión de Chicago, que era una pequeña piscina redecorada al estilo hawaiano, la gruta de la *follie* de Mansión West, conectada con las piscinas exteriores de la casa por pasadizos en piedra, era el centro acuoso de los jardines y el lugar habitual de las actividades sexuales de la casa. Hefner contrató al especialista del cristal Bob White, que se inspiró en la cueva francesa de Lescaux, una referencia constante en la cultura popular de los años cincuenta-sesenta, e hizo construir una enorme bóveda de cristal en color ámbar «en la que se podían observar insectos momificados» y que flotaba sobre la falsa cueva prehistórica. La Mansión West compartía de este modo el gusto por las falsas grutas y cavernas que había dominado la «decoración pompeyana»[220] a finales del siglo XVIII y que, siendo la falsa gruta su mejor ejemplo, se caracterizaba por el doble impulso de reproducir artificialmente la naturaleza y naturalizar el artificio, solidificar lo orgánico y hacer que la arquitectura cobre vida. Ese falso decorado natural era el corazón de la pornotopía.

220. Sobre las relaciones entre Pompeya y las grutas véase Patrick Mauriès, *Shell Shock: Conchological Curiosities,* Thames and Hudson, Nueva York, 1994, p. 50. También, Celeste Olalquiaga, *The Artificial Kingdom, op. cit.,* pp. 133-136.

Aquí la referencia a Pompeya no era en absoluto banal. Pompeya no era únicamente la ciudad que había sido hallada en 1755 bajo las lavas volcánicas del Vesubio. Pompeya era un *topos* reconstruido que había dado lugar a la invención de la noción de pornografía moderna: la «pornografía» emergió de la controversia que suscitó el descubrimiento de las ruinas de Pompeya y la exhumación de un conjunto de imágenes, frescos, mosaicos y esculturas que representan prácticas corporales y sexuales y del debate acerca de la posibilidad o imposibilidad de que estas imágenes y objetos fueran vistos públicamente.

Las ruinas de Pompeya se habían hecho visibles en plena Ilustración como si fueran un retorno de lo reprimido, desvelando otro modelo de conocimiento y de organización de los cuerpos y los placeres en la ciudad premoderna y poniendo de manifiesto una topología visual de la sexualidad radicalmente distinta de la que dominaba la cultura europea en el siglo XVIII. Es así como las autoridades borbónicas deciden ocultar de la vista pública esas imágenes y objetos, guardándolos en el Museo Secreto de Nápoles.[221] El museo operaba una segregación política de la mirada en términos de género, de clase y de edad, puesto que sólo los hombres adultos aristócratas tenían acceso a él. El muro del museo materializa las jerarquías sociales construyendo diferencias politicovisuales a través de la arquitectura y de su regulación de la mirada. Es en este contexto donde aparece por primera vez la palabra pornografía, de la mano de un historiador del arte alemán, C. O. Müller, que, reclamando la raíz griega de la palabra *(porno-grafei:* pintura de prostitutas, escritura

221. Walter Kendrick, *The Secret Museum, Pornography in Modern Culture*, California University Press, Berkeley, 1987.

de la vida de las prostitutas), califica los contenidos del Museo Secreto como pornográficos.[222]

La Mansión West, en la mejor tradición de *follies* y falsas grutas, era un jardín artificial secreto, una reconstrucción contemporánea de una ficción pompeyana a la que el capitalismo mediático había añadido cámaras de vigilancia y dispositivos de representación fotográfica y cinematográfica. Allí se celebrarían las fiestas más famosas del planeta cuyas imágenes acabarían después publicadas en la revista *Playboy*. El ruido incesante de las fiestas y la fuga de animales salvajes hizo de Hefner un vecino indeseable en el barrio de Hollywood. Finalmente, las fiestas acabaron haciéndose dentro de la casa y los monos, flamencos y loros acabaron en jaulas. Como la propia Mansión West, las imágenes producidas en la casa y difundidas en la revista *Playboy* calificadas como «pornográficas» no eran sino falsas ruinas del sexo, naturalización de técnicas del cuerpo y de la representación que aparecían como auténticas «grutas» sexuales.

Como Barbara Penner ha señalado al analizar los espacios teatralizados para el sexo de los hoteles especializados en viajes de novios que proliferan en Estados Unidos a partir de la Segunda Guerra Mundial, llama la atención que todos ellos, independientemente de sus variaciones, sean caracterizados con la categoría «kitsch» o incluso con la de «pornokitsch» que Gillo Dorfles popularizó en 1969. Penner se resiste a utilizar la categoría «pornokitsch» para hablar de los decorados del sexo, puesto que esta noción establece una jerarquía entre la experiencia genuina del sexo y la vulgaridad de los decorados de los hoteles de no-

---

222. Véase C. O. Müller, *Ancient Art and Its Remains. A Manual of Archeology of Art*, Londres, 1850.

vios o de las habitaciones de burdel, como si para Gillo Dorfles, insiste Penner, «la emoción sólo pudiera experimentarse de forma auténtica en espacios de buen gusto».[223] Como bien intuye Penner, la noción de kitsch, que había aparecido en la cultura centroeuropea de finales del siglo XIX para caracterizar la falsas y baratas reproducciones de obras de arte, objetos de mala calidad y sin valor, «camelotes» e imitaciones, es una noción estratégica en la historia del arte moderno que ha permitido establecer jerarquías estéticas e incluso morales entre la auténtica experiencia de la belleza y las experiencias secundarias o subrogadas introducidas por la imitación, el teatro y la reproducción mecánica de la fotografía.[224] Cuando Gillo Dorfles utiliza la expresión «pornokitsch» pretende simplemente enfatizar la negatividad de ambos conceptos: porno y kitsch. Como si el kitsch fuera la pornografía del arte y el porno

223. Barbara Penner, «Doing it Right: Post-war Honeymoon Resorts in the Pocono Mountains», en Medina Lasansky y Brian McLaren (eds.), *Architecture and Tourism: Perceptions, Performance and Place*, Berg, Oxford, 2004, p. 208.

224. Para Calinescu, el kitsch caracteriza la forma de la experiencia estética en la sociedad de masas. El efecto kitsch, según Calinescu, supone siempre una «falsa conciencia estética»: lo específico del kitsch es operar bajo la lógica de la imitación, de la traición, el contrabando o el engaño estético. Pero mientras la imitación busca hacerse pasar por original, el kitsch exhibe y celebra su condición de falso. Para Hermann Broch, Adolf Loos o Clement Greenberg, el kitsch, signo de la degradación estética y moral que el mercado y la reproducción mecánica introducen en el objeto artístico, es el mal en el sistema del arte. Kitsch pasa así rápidamente, de ser un concepto estético, a convertirse en una categoría política e incluso moral. Para Adorno, el kitsch es una forma de producción intrínsicamente moderna que no traiciona sino que responde a los modos de producción y consumo de la mecanización capitalista. Véase este debate en Matei Calinescu, *Five Faces of Modernity: Modernism, Avant-Garde, Decadence, Kitsch, Postmodernism*, Duke University Press, Durham, Carolina del Norte, 1987.

el kitsch de la sexualidad. Dejando de lado la carga moral de ambas nociones, parece más exacto afirmar que tanto los productos espaciales Playboy, de los que la gruta parecía un enclave paradigmático, como la experiencia sexual eran siempre producto de tecnologías de la representación que aspiraban a presentarlos como naturales, ya fueran éstas fantásticas grutas prehistóricas o castas habitaciones de matrimonio en la casa suburbana.

La desmaterialización de la pornotopía

El cambio de las formas de consumo de la sexualidad, la aparición del vídeo y de los canales de televisión privados y la restricción de los casinos legales en la mayoría de las ciudades americanas y europeas hizo que a mediados de los años ochenta los clubs dejaran de aportar beneficios y comenzaran a ser una carga para Playboy Enterprises. En 1988, todos los clubs Playboy de Estados Unidos habían cerrado. En 1991, el último club Playboy del mundo, el Club Manila, en Filipinas, cerraba sus puertas, poniendo fin a los enclaves nocturnos que habían caracterizado la expansión del archipiélago Playboy a lo largo de un interminable cinturón urbano. El crecimiento de Playboy pasa así desde la colonización inmobiliaria típica de los años cincuenta-setenta, a la implantación videográfica y televisiva. El archipiélago se desmaterializaba para volverse código comunicativo mercantilizable. En 1980 Playboy lanza su propia cadena de televisión por cable,[225] y en 1982 Playboy TV,

---

225. A pesar de que su contenido nunca fue la actividad sexual explícita o los primeros planos de penetración, la cadena fue «R-rated», prohibida para menores de diecisiete años. Considerada «un producto audio-

con sus propios *reality shows,* sus series autoproducidas y sus películas eróticas *The Girls Next Door* y *The Home Bunny,* reconstrucciones virtuales del universo interior de la Mansión, se convertirán en sus mayores éxitos. Al mismo tiempo, Playboy Licensing extiende una cadena de boutiques de accesorios y complementos destinados a la joven heterosexual (las adolescentes serán, en realidad, las primeras consumidoras Playboy) en 150 países.

Cuando el último y hoy único club Playboy del mundo abre sus puertas de nuevo en 2006 en la Fantasy Tower del complejo Palms, en Las Vegas, Nevada, el club ha dejado de ser un simple club nocturno asociado a un hotel. Dentro del lenguaje arquitectónico creado para satisfacer las demandas comerciales que Venturi, Scott-Brown e Izenour identificaron en su clásico *Aprendiendo de Las Vegas,* los productos espaciales Playboy se integran en un paisaje de experiencias multimedia. El club Playboy se ha convertido en parte de un gigantesco *resort,* un parque temático capaz de maximizar las condiciones del consumo: un hotel de 600 habitaciones y una docena de suites temáticas, un Club-Casino, varios bares, cafeterías, restaurantes, gimnasios, un centro comercial... El club forma parte de una escenografía urbana del entretenimiento, un medioambiente farmacopornográfico englobante dedicado a la excitación y al consumo. No hay aquí, sin embargo, transgresión sexual alguna: todo lo que está ahí ha sido preparado de forma serial para ser consumido en un espacio completamente vigilado, en condiciones óptimas de control y seguridad. El desplazamiento semántico desde el

---

visual para adultos con escenas de sexo», tuvo dificultades para implantarse en América durante la era Reagan, en un momento de recrudecimiento de las posiciones contra la pornografía.

crimen, el vicio y el «*gambling*» hacia la diversión, el placer y el «juego/*gaming*» es un síntoma de esta transformación. Como Robert De Niro encarnado a Ace Rothstein afirmaba en *Casino*, de Martin Scorsese, el club ya no es un lugar de gángsters y prostitutas, sino una empresa multimedia dedicada al juego en familia, en la que el estilo mafia ha dejado paso a los nuevos mánagers del consumo y el entretenimiento.[226]

El Hotel Palms permite que coexistan distribuidas verticalmente en un mismo espacio fantasías, a veces irreconciliables, que provienen de la cultura popular o de la industria del sexo: la ultramasculina «Crib suite», descrita por *Playboy* como el «escenario de un vídeo hip-hop»; la «Suite Barbie», que combina los logos Barbie y Playboy en un decorado enteramente rosa, y la «Erotic suite», que reproduce el interior de un club de striptease en el espacio de la habitación, con barra de striptease en la ducha y espejos en el techo.

En el ático del edificio se encuentra la Hugh Hefner Sky Vila, que el folleto de presentación del hotel describe como «la versión Las Vegas de la Mansión Playboy»: con capacidad para 250 personas, salón de baile, sala de cine e incluso una reproducción de la famosa cama giratoria de Hefner. La H. H. Sky Vila es un pastiche museificado de la Mansión en miniatura dedicado al turismo. Además, el Palms Resort, llevando al extremo la lógica multimedia que había producido la Mansión Playboy, ya no es simplemente un espacio consumible y habitable, sino que se ha convertido en el plató de múltiples programas televi-

226. Véase Jeffrey Cass, «Egypt on Steroids: Luxor Las Vegas and Postmodern Orientalism», en Medina Lasansky y Brian McLaren (eds.), *Architecture and Tourism, op. cit.*, p. 241.

sivos como *The Real World* de MTV o *Celebrity Poker Showdown* de Bravo y en el icono visual de la venta de vídeos eróticos por internet.

La casa sobreexpuesta

La Mansión Playboy (primero la de Chicago, después la de Los Ángeles, pero también sus avatares de los clubs y de los *reality shows)* es un espacio sobreexpuesto, en el sentido que el filósofo y arquitecto Paul Virilio ha dado a esta noción.[227] La casa Playboy no tiene una entidad física estable, sino que está siendo constantemente reconfigurada a través de la información: texto, imagen fotográfica o videográfica, la Mansión se extiende primero por la geografía norteamericana con la revista y el programa televisivo a condición de verse desmaterializada a través de las tecnologías de vigilancia y comunicación, para rematerializarse después en una multiplicidad de simulacros y réplicas en los hoteles y clubs. El proceso de «sobreexposición» atraviesa así la casa y la constituye: el espacio interior de la Mansión se llena de cámaras y pantallas electrónicas que o bien transforman su hábitat en dígito e información transmisible o bien hacen fluir en su interior información descodificada en forma de imagen. Al agujero físico que la gruta crea en el fondo de la Mansión hay que añadir el agujero virtual generado por el circuito cerrado de vigilancia a través del cual la información es canalizada en un *loop* infinito. Por ello, la Mansión, anclada al mismo tiem-

227. Véase la noción de «sobreexposición» en Paul Virilio, «The Overexposed City», en Neil Leach (ed.), *Rethinking Architecture. A Reader in Cultural Theory*, Routledge, Londres, 1997, pp. 381-390.

po en la clásica utopía acuático-zoológica (Atlántida y Arca de Noé) y en la contemporánea utopía informática, no tiene lugar ni límites. Es esta sobreexposición la que erosiona las formas clásicas de domesticidad no sólo en el caso de la Mansión sino también de la casa suburbana, que, a pesar de presentarse como contramodelo y antagonista ideológico, no es sino una de sus copias invertidas y un receptor mediático periférico. La condición sobreexpuesta de la Mansión alcanza también al cuerpo y a la sexualidad, que son de este modo «des-domesticados» y publicitados. El cuerpo y la sexualidad, producidos y representados por las tecnologías visuales y de la comunicación, se ven también convertidos en dígito, al mismo tiempo información, valor y número.

Si los procesos de «disneyficación»[228] y de «mcdonalización»,[229] descritos respectivamente por el sociólogo John Hannigan y por el economista Jeremy Rifkin, serían el resultado del impacto de la economía del espectáculo en la ciudad americana y sus hábitos de consumo, podríamos decir que, de un modo semejante, un proceso de «playboyzación» habría afectado a los modos de organización de la domesticidad, del espacio interior y de la vida afectiva. En realidad, las primeras manifestaciones de la «ciudad fantasía» fueron las ficciones arquitectónico-mediáticas creadas por *Playboy* y Disney en los años cincuenta. Inaugurado por primera vez en 1954, Disneyland, en Anaheim, Los Ángeles, se convierte en el primer parque temático infantil. Cinco años después, la Mansión Playboy logra

---

228. John Hannigan, *Fantasy City: Pleasure and Profit in the Postmodern Metropolis*, Routledge, Londres, 1998.
229. Jeremy Rifkin, *Beyond Beef. The Rise and Fall of the Cattle Culture*, Plume, Nueva York, 1992.

aunar el soporte mediático creado por la revista, los promotores inmobiliarios y la utilización de tecnologías audiovisuales de vigilancia y simulación creando un parque temático multimedia cuyo espectáculo es una ficción erótica sólo para adultos.

Podríamos aventurarnos a afirmar que el hedonista y multiadicto consumidor de los parques temáticos que proliferarán a finales del siglo XX es un híbrido del niño construido por Disney y del viejo-adolescente imaginado por *Playboy*. Más aún, la segregación de género y la política desigual de consumo del sexo hacen que podamos imaginar una extraña y complementaria (aunque legalmente imposible) pareja de parque temático: la femenina e infantil coneja de *Playboy* parece haberse escapado de Disneyland para convertirse en el objeto de deseo del masculino (y no tan joven) visitante de la Mansión Playboy. No es de extrañar, por tanto, que en 1983 Playboy Channel y Disney Channel (aparentes polos opuestos en los debates morales y religiosos que oponen el sexo y la familia, la libertad de decisión sobre el propio cuerpo y la defensa de la infancia) compartan sus redes televisivas. Como explica la revista *Times:* «Al fin y al cabo tanto Disney como Playboy venden fantasías. Playboy hace que las mujeres parezcan irreales; Disney hace que las aventuras irreales parezcan reales. Si la Mansión es un Disneyland para adultos, Disneyland es una Mansión Playboy para niños.»[230] Y concluye burlescamente: «Quizás el éxito de las dos mayores industrias del ocio americanas dependa del común secreto de Mickey y las conejitas: las grandes orejas.»

230. Richard Stengel, Denise Worrell y Peter Ainslie, «Video: A Tale of a Bunny and a Mouse», *Time Magazine*, 12 de septiembre de 1983.

Pero, orejas aparte, el éxito de Hugh Hefner, frente a Disney, es haber conseguido con la Mansión el ensamblaje del domicilio privado y del parque temático, creando un modelo topográfico que se extenderá después en la arquitectura americana del espectáculo a finales del siglo XX. Los complejos «Famosos-Land» son herederos de la topografía farmacopornográfica Playboy. Primero Graceland, que aunque reconstruida por Elvis Presley en 1957 (dos años antes de que Hefner comprara la Mansión en Chicago), no se convertirá en un enclave mediático hasta después de su muerte en 1977. Pero sobre todo Neverland: la Mansión Playboy inspirará en Michael Jackson, habitual invitado (junto a su cirujano) a la Mansión durante los años ochenta, la construcción de Neverland en 1988 en Santa Bárbara, California, reuniendo en un solo espacio el domicilio del artista, un zoológico privado y un parque de atracciones, aunando finalmente las heterotopías de Playboy y Disney.[231] Michael Jackson, como un vástago poshumano mediático de una coneja *Playboy* y un ratón Disney, se afirmará como auténtico arquitecto pornotópico, recuperando, distorsionando y prolongando el legado farmacopornográfico de sus antecesores hacia el siglo XXI.

231. Neverland fue vendido en 2008 a Sycamore Valley Ranch Company y Colony Capital, aunque Jackson conservó una parte de las acciones del complejo. Sin embargo, tras la muerte del artista se especula que Neverland podría convertirse en un museo de la vida de Michael Jackson.

CODA

Lo que han leído hasta aquí ha sido una autopsia de la pornotopía Playboy. A diferencia del historiador que realiza disecciones de objetos ya muertos (o a los que trata como si lo estuvieran), el crítico cultural es un adepto de la vivisección de sistemas semióticos. Donde el historiador buscar desenterrar cadáveres y datar huellas arqueológicas, el crítico cultural busca señales de vida incluso en aquellos sistemas que parecen haber dejado de respirar hace tiempo.

Por eso hemos realizado esta operación en un momento liminar: el corazón de la pornotopía Playboy todavía late aunque sus signos vitales se van debilitando poco a poco. Cortamos y diagnosticamos en vivo. Es posible reconocer aún el organismo pornotópico Playboy funcionando, observar sus operaciones, pero también detectar los órganos que serán trasplantados desde Playboy, mientras hay tiempo, hasta otros centros de producción de significado. Es ese tráfico, esa supervivencia de modelos, y no Playboy como objeto histórico, lo que nos interesa.

Como conclusión de esta autopsia les diría, si esto no fuera malcitar a Bolaño, tengo una mala y una buena noticia. La mala es que la pornotopía Playboy se muere. La buena es que somos necrófilos.

La circulación de imágenes pornográficas por internet ha creado una nueva ecología global en la que Playboy ya no es más que un viejo y torpe predador. Cualquier chica de la Rusia profunda, cualquier joven de la Alcarria armados con un ordenador, una webcam y una cuenta paypal pueden convertirse en legítimos competidores de Playboy en un mercado cuyo paisaje, a la espera de que internet se transforme en un terreno vallado como un día lo hicieran los campos, es tan sinuoso como un sueño. Como en una versión empresarial de Edipo, el www.hijo.com, encarnado en una multitud de e-revistas, páginas porno, webcams, mensajerías electrónicas y videoconferencias de contenido erótico, se dispone a matar al padre-conejo o incluso a devorarlo en un totémico banquete.

Tras más de cincuenta años de supremacía económica, el imperio Playboy y su pornotopía se desmoronan como Hefner se arruga. Con dignidad y lentitud, pero sin remedio. Los signos económicos de decrepitud de la empresa son indudables. La revista, que había llegado a vender siete millones de ejemplares en los años setenta, empieza a perder lectores a partir de finales de los noventa. En 2008 la empresa sufre un descalabro histórico y despide al 15 % de sus empleados. Se dice que la publicación es un capricho que sale caro a Hefner y que su caída amenaza con arrastrar a la totalidad del grupo mediático. Ni los programas televisivos ni los videojuegos ni la venta de productos derivados han podido evitar las pérdidas que se agravan año tras año. Mientras la empresa sigue presentándose como un grupo dedicado a la información y al erotismo, sólo sus filiales porno Spice TV y el Clubjenna.com (liderado por Jenna Jameson) salvan al gigante del hundimiento definitivo.

Como anunciaba la ley arquitectónico-mediática que rige la pornotopía, el abatimiento económico se traduce en un repliegue inmobiliario: de todos los clubs y hoteles que Playboy poseía durante los setenta, sólo queda hoy el hotel de Las Vegas. En 2009, Playboy Enterprises cierra sus oficinas de la Quinta Avenida de Manhattan y se retira a su cuartel general de Chicago. La retirada coincide con la dimisión de la hija de Hefner, Christine, que hasta ahora presidía Playboy Enterprises Inc.[232] Ese mismo año, en plena crisis de las subprimes, Hefner pone en venta la casa contigua a la Mansión West de Los Ángeles. Finalmente, la casa se venderá por un precio inferior al que Hefner pagó por ella en 1998, cuando la adquirió para que sirviera de residencia a sus hijos. Entretanto, el *Big Bunny*, la pornotopía voladora que en un tiempo había sido como la NASA para Estados Unidos (una fuente de propaganda política y hegemonía científica y cultural), se viene abajo: el avión es desguazado y la decoración interior subastada en e-bay junto con los trajes de las azafatas. Se rumorea incluso que Hefner, que posee todavía un 70% de la compañía, podría poner una parte de ella en venta para salvar al grupo mediático del derrumbe. Quizás sea la muerte anunciada del imperio la que haya llevado a un grupo de científicos a llamar «Sylvilagus palustris hefneri» a una especie de pequeño conejo de pantano en peligro de extinción.

Si el gigante aguanta es porque el motor simbólico de la pornotopía sigue en pie: la Mansión West y el hombre

232. Christine Hefner prefiere la política a la revista: miembro de las Ladies Who Lunch (no simplemente un grupo de mujeres que comen sino las damas liberales más influyentes de Chicago), se dice que habría sido una pieza clave en la victoria de Obama.

del batín de seda son el último reducto de Playboy: «No puedo imaginarme una situación en la que la Mansión no sobreviva», explica uno de los colaboradores de Hefner a la revista *Time*.[233]

Mientras su poder económico se desvanece, Playboy asienta su soberanía cultural. Hefner no será lector de Roland Barthes, pero ha comprendido con certeza cómo funciona el proceso de mitificación que lleva a un sistema de signos coyuntural a transformarse en un emblema con valor universal. En enero de 2010 Hefner publica una autobiografía ilustrada en seis volúmenes de tres mil quinientas páginas en cuatro lenguas (inglés, alemán, francés y español) que ha sido ya caracterizada por *The Independent* como «el mejor libro histórico del siglo XX».[234] Para un lector futuro interesado en saber cuál fue el mundo que despertó tras la Segunda Guerra Mundial, estos seis volúmenes serían como para un clásico los nueve libros de Tucídides: las gestas modernas están protagonizadas por Martin Luther King, John Lennon o Roman Polanski y son narradas por los trovadores Jack Kerouac, Norman Mailer o John Updike... En esta historia de hombres ilustres destaca la presencia en igual número de mujeres, eso sí, siempre desnudas.

Playboy emprende así una titánica operación de sinécdoque a través de la que una parte viene a sustituir el todo: la autobiografía del siglo XX es la autobiografía de Hefner, que es a su vez un registro detallado de la vida en los espacios utópicos construidos por el imperio: los seis

233. «Playboy shows signs of withdrawal», *Time Magazine*, 24 de enero de 2009.
234. Hugh Hefner, *Hugh Hefner's Playboy*, Taschen, Colonia, 2010.

volúmenes, centrados en la «era dorada de *Playboy*», entre 1953 y 1979, nos llevan otra vez desde el apartamento donde se confeccionó la primera revista hasta la Mansión West de Los Ángeles, pasando por la cama redonda y las fiestas pijama de la Mansión de Chicago. En definitiva: el perímetro de la pornotopía coincide con el del siglo XX. Si un mito es un mensaje convenientemente distribuido cuyo valor simbólico excede su valor de cambio, Playboy ha sabido estimar el suyo: Taschen ha editado únicamente 1.500 ejemplares (firmados por el propio Hefner) vendidos a 1.000 dólares, módica cantidad por la que el comprador recibirá también una reliquia de la vida pornotópica: como si del sudario de Cristo se tratará, Hefner ofrece un pedazo de siete centímetros de uno de sus legendarios pijamas de seda. El mito, en su doble factura, semiótica y corporal, está listo para consumo.

La solidificación de Playboy como *órganon* y archivo total del mundo moderno (como *museo*, en el sentido etimológico del término) se acompaña del paso de Hefner desde el terrenal star-system al reino de lo divino, un proceso ya comenzado en la transformación de su pijama en sábana santa. Auténtico superviviente de un siglo que ha arrasado con todo, Hefner se acerca más a las figuras del cyborg y el vampiro que a las del común mortal. Janis Joplin y Jimi Hendrix sucumbieron a las drogas, Harvey Milk a la homofobia, los Kennedy al karma o al complot político, Rock Hudson al sida, Christopher Reeve a la fractura cervical y al cáncer de pulmón y Michael Jackson a los narcóticos..., pero Hefner ha logrado sobrevivir a todos los flujos víricos, oncológicos y psicotrópicos del régimen farmacopornográfico. En este sentido, y considerando su consumo sexual y anfetamínico, Hefner se afirma como un auténtico modelo de supercuerpo.

Uno de los signos supersomáticos de Hefner es su capacidad de desafiar el paso del tiempo llevando su ética de soltero Playboy a los confines de la impropiamente llamada tercera edad. Con ochenta y cuatro años Hefner solicita el divorcio a su última mujer, Kimberly Conrad, con la que se casó en 1989, mientras vive en cuarteto con Crystal Harris, de veintitrés años, y las gemelas Karissa y Kristina Shannon, de diecinueve. Si Playboy enseñó al joven casado de los años cincuenta a divorciarse y a vivir su sexualidad como si fuera un adolescente, ahora promete a una población occidental en progresivo envejecimiento una priápica fantasía convenientemente apoyada con citrato de sildenafil e inmortalizada por una cámara de vídeo.

Por si esto fuera poco, Hefner nos previene de que su romance perpetuo no tendrá a la muerte por última compañera. Sólo simulando apoyarse sobre el volátil y fantasmal territorio del más allá puede un mito imponer su hegemonía sobre los vivos, por lo que Playboy se dispone a adquirir, cueste lo que cueste, una parcela de cielo. Hefner, al que sobrevivir en un conejo de pantano no le debe de parecer la mejor manera de pasar a la posteridad, compró en 2009 una tumba junto a la de Marilyn Monroe en el cementerio Westwood Memorial Park de Los Ángeles. Aunque es cierto que la reunión post mórtem no deja de tener algo de justicia poética si tenemos en cuenta que fue la imagen de Marilyn la que permitió el lanzamiento de la revista en 1953, no es tampoco casual que el proceso de mitificación en el que trabaja Hefner busque emplazar su momia junto al mito sexual más significativo del siglo XX. Si el cementerio como lugar heterotópico reproduce simbólicamente una ciudad habitada por muertos, entonces Hefner busca utilizar su propio cadáver como signo a través del que asegurarse un lugar en la historia, entendida ésta como un parque inmobiliario hecho de fiambres ilustres. La asociación de las tumbas de Marilyn y Hefner no sería entonces sino un sucursal tanatológica (una variante con colchón de humus de la cama redonda) de la pornotopía.

Afianzado el proceso de mitificación, el grupo mediático puede desaparecer tranquilo, puesto que habría cumplido con éxito la que habría sido su función primordial: construir un imaginario capaz de poner en marcha en plena guerra fría los resortes afectivos y axiológicos que permitirían pasar desde la sociedad disciplinaria y sus rígidas estructuras de gobierno a la sociedad farmacopornográfica y sus formas específicas de reproducción de la vida: trabajo inmaterial, espacio posdoméstico, regulación psicotrópica de la subjetividad, producción sexopolítica, vigilancia y consumo de la intimidad.

Como una especie transicional cuyo objetivo habría sido operar deslizamientos estratégicos que habrían permitido la mutación desde las antiguas casas del placer de Sade y Ledoux y del prostíbulo decimonónico hasta el burdel multimedia, Playboy no había venido para quedarse sino para llevar a cabo transformaciones cruciales del espacio, la subjetividad y el placer en un tiempo de crisis planetaria.

El análisis de la composición demográfica de la pornotopía en 2010 (reflejado en las fotos del abuelo Hefner en la Mansión West acompañado de un grupo de siempre jóvenes y rubias conejitas) arroja resultados sorprendentes. Lo que a juzgar por la diferencia de edad (sesenta años separan a Hefner de las *Bunnies)* y de número (en un ratio 1 hombre/n + 1 mujeres) podría desde otro sistema moral ser caracterizado como gerontofilia o poligamia, es ya la tendencia más definitiva que Playboy ha logrado imprimir en los hábitos culturales del siglo XXI. Los hijos del baby boom de la posguerra han envejecido con Hefner, aunque se esfuercen por demostrar que su utopía sexual no ha perdido un ápice de frescura.

La pornotopía Playboy trató de terminar en plena guerra fría con las bases sociales de la servidumbre masculina en el régimen del capitalismo heterosexual, pero no cuestionó el sistema de género que le era inseparable. El resultado de este programa desigual de liberación fue un híbrido de una versión high-tech de Robinson Crusoe y una versión voluptuosa de *Mujercitas:* la Mansión Playboy se convirtió en una isla telecomunicada en la que un hombre envejece junto a un grupo, renovado constantemente, de jovencitas en bikini. Aquí tanto el envejecido varón como la joven fémina necesitan de la suplementación farmacológica: el modelo de biomujer hippie de los setenta ha dejado paso al estilo neumático Pamela Anderson, cuyo sello quirúrgico aparece incluso en las conejas más jóvenes. Esta organización sexopolítica, más próxima de la fantasía de un harén en la era de las telecomunicaciones que de un modelo capaz de implantarse socialmente desplazando a la institución matrimonial, ha mutado después en otras formas vecinas que se adentran con fuerza en el siglo XXI. El jacuzzi con un hip-hopero (negro o blanco) rodeado de chicas medio desnudas haciendo el *lap-dance* es un mutante de la pornotopía. El kitsch ha cambiado de estilo, pero el orden sexual que vehicula asegura la pervivencia de los valores Playboy: el jazz ha sido sustituido por el hip-hop, el batín de seda por una camiseta de baloncesto talla XXXL y la pipa por el porro, pero los factores del juego son los mismos: un tío listo, muchas chicas (no sabemos si listas o tontas, pero preferiblemente lascivas y discretas) y mucho mucho consumo farmacopornográfico,

206

coches, cadenas de oro y cocaína deben circulan desde MTV hasta las venas de internet. Ésa habría sido una de las misiones de Playboy: fabricar una masculinidad mítica capaz de soportar la crisis de la heterosexualidad en el siglo XX y de hacer frente a las amenazas de la liberación femenina y de la utopía transgénero.

La segunda misión estratégica de Playboy será llevar el espectáculo etnográfico hasta la era de la comunicación de masas, actuando de eslabón entre el circo del siglo XIX y el *reality show* televisivo. La Mansión Playboy, con su circuito cerrado de cámaras de vigilancia instalado en un espacio aparentemente doméstico en el que las *playmates* y los visitantes son filmados veinticuatro horas al día, anticipa en plena guerra fría el proceso generalizado de expansión de las tecnologías de vigilancia a los espacios privados que caracterizará el siglo XXI, al mismo tiempo que inventa el dispositivo a través del que la vigilancia se transforma en espectáculo y, por tanto, como nos enseñó Debord, en fuente potencial de producción de placer y de capital.

Hoy sabemos que la pornotopía Playboy surgió del cruce de los mercados de escenificación de la diferencia (desde los *freak shows* americanos que confirmaban al visitante su propia normalidad y los zoos antropológicos europeos que permitieron a los ciudadanos blancos construirse por oposición con la vida imaginaria de una tribu exótica en condiciones de cautividad)[235] y del burdel

---

235. Carl Hagenbeck, un comerciante de circo y traficante de animales y humanos, profesionalizó a finales del siglo XIX las «exposiciones antropológicas» en las que una familia o una tribu «exótica» eran expuestas en los jardines de las metrópolis europeas en condiciones de encierro. Esta práctica colonial persistió hasta mediados de siglo XX. El primer zoo humano fue una familia de lapones con una manada de renos expuesto en 1874 en Hamburgo, Alemania.

como centro de tráfico y consumo sexual. Al igual que el zoo antropológico, la Mansión garantiza (a través de la fotografía, el vídeo, la escritura y la revista) acceso virtual a la vida «real» de una tribu excéntrica de americanos situada en el barrio más lujoso de Chicago o Los Ángeles. Como el burdel, la Mansión promete placer sexual. Integrando sistemas antes distantes, Playboy inventa el encierro y la vigilancia televisiva como condiciones de la producción de placer. En ese sentido, la pornotopía Playboy, al mismo tiempo domesticidad multimedia y circo sexual, predice los espectáculos públicos de encierro que caracterizan la formas contemporáneas del consumo televisivo. *Gran Hermano, Star Academy, Supervivientes, La Isla de la Tentación, Fama...* son hijos de la pornotopía *Playboy*.

Pero el universo espacial creado por Playboy no sólo sobrevivirá en la cultura popular a través de las nuevas figuras del *chulo* o a través de sus avatares televisivos. Playboy ha condicionado también la proliferación actual de otras pornotopías multimedia que se afirman como las formas futuras del comercio sexual. Si *Gran Hermano* es hoy una referencia indiscutible, pocos conocen la existencia de su variante pornotópica. En 2004 abría sus puertas en el distrito Smíchov de Praga (en la esquina de las calles U Králóvská y Nádraní, para aquellos que quieran visitarlo) el primer burdel en el que los clientes no pagan por los servicios sexuales, sino que firman un contrato en el que aceptan ser filmados por videovigilancia durante la sesión sexual y que las imágenes puedan ser difundidas por *streamline* a través de internet en tiempo real o comercializadas más tarde en el mercado porno. El nombre del burdel es una lección de genealogía: *Big Sister*, Gran Hermana. Las suscripciones a la página internet y la compra y el alquiler de los vídeos filmados durante las sesiones son el beneficio de un mercado totalmente virtual en el que el único cliente no es aquel que practica sexo (éste ha sido transformado en actor) sino aquel que se conecta a la red. Sus creadores, dos empresarios austriacos, no quieren llamarlo burdel, prefieren definirlo, atribuyéndose una autoría que deben a Hefner, como el auténtico «e-club nocturno», un «Disneyland para adultos» o «el primer *reality sex show* de la historia».

Eligieron Praga (y no Los Ángeles) para situar este burdel para adaptarse a las condiciones del mercado global: Praga es una ciudad con una gran población de trabajadoras sexuales, con salarios bajos, con leyes liberales de prostitución y con un aeropuerto que garantiza el desembarco regular por líneas *lowcost* de visitantes de todo el planeta. Los habitantes del burdel virtual pueden hacer lo que quieran, excepto llevar máscaras, porque lo primordial, aseguran los empresarios, es que el cliente que se conecta a *Big Sister* pueda «ver todo lo que pasa en todo momento, sin que nada le sea ocultado».

El Sade del panóptico sexual que Hefner había llevado hasta América se mueve en los dominios ultravigilados de *Big Sister* como pez en el agua. Aquí el placer no proviene directamente del sexo en el sentido genital del término, sino del acto de ser mirado y de mirar. El visitante (que disfruta de ser filmado) *se lo monta* en realidad con el internauta (que disfruta de observar). Para ambos, virtualmente conectados, lo que allí sucede es totalmente íntimo y completamente público. En el centro de control y telecomunicaciones del burdel, una pared de pantallas muestra ininterrumpidamente todo lo que sucede en todas las habitaciones del hotel. Las peticiones específicas de los clientes internautas (sexo oral, sodomía, únicamente látex, SM...) no son satisfechas por guiones inventados, sino por las fantasías que los visitantes del burdel desean practicar con las trabajadoras sexuales. Para estimular la escenificación de la sexualidad, *Big Sister* aplica únicamente un principio pornotópico: sitúe a dos o más cuerpos en un decorado previamente determinado y deje que el espacio determine sus propias leyes. Así, diferentes habitaciones temáticas (cuya reconstrucción costó cinco millones de dólares) producen distintas coreografías sexuales: el mismo sujeto no practica la misma sexualidad en la infantil Barbie Room enteramente rosa y en la celda de castigo.[236] *Big Sister* podría darnos una indicación de la futura supervivencia de la pornotopía Playboy. Quizás un día Hefner o sus herederos deban elegir entre transformar la Mansión West de Los Ángeles en parque temático sexual, construyendo una réplica que pueda ser llevada a terrenos económicos más favorables de países emergentes, o hacer de la Mansión el primer museo pornotópico de la historia: la Mansión se convertiría entonces en una nueva Pompeya en la era de la informatización planetaria.

Por nuestra parte, nosotros, necrófilos recalcitrantes, seguiremos de un modo u otro habitando la pornotopía.

---

236. La fuerza sexual de algunos de estos escenarios llevó a los directores de la película de horror *Hostel II* a rodar las escenas más dramáticas en las suites temáticas de *Big Sister*.

BIBLIOGRAFÍA

AGAMBEN, Giorgio, *Estancias*, Pre-Textos, Valencia, 1995.
—, *Homo Sacer, El poder soberano y la nuda vida*, Pre-Textos, Valencia, 2003.
AMUCHÁSTEGUI, Rodrigo H., *Michel Foucault y la visoespacialidad, análisis y derivaciones*, Tesis doctoral, 2009, edición electrónica gratuita: www.eumed.net/tesis/ 2009/rha/
AUMONT, Jacques, *L'Image*, Nathan, París, 1990.
BANCEL Nicolas, *et al.*, *Zoos humains. De la Vénus Hottentote aux reality shows*, La Découverte, París, 2002.
BANHAM, Reyner, *The Architecture of the Well-Tempered Environment*, 2.ª edición, Chicago University Press, Chicago, 1984.
—, *Teoría y diseño en la primera edad de la máquina*, Paidós, Barcelona, 1985.
BECKER, Jacques, «Enquêtes sur Hollywood», *Cahiers du cinéma*, 54, París, diciembre de 1955.
BENEVOLO, Leonardo, *Historia de la Arquitectura Contemporánea*, Gustavo Gili, Barcelona, 1979.
BERGER, John, *Ways of Seeing*, Penguin Books, Nueva York, 1977.
BÉRUBÉ, Allan, *Coming Out Under Fire. The History of Gay Men and Women in World War Two*, Free Press, Nueva York, 1990.

BOUDARD Y ROMI, Alphonse, *L'Age d'Or des Mansions Closes*, Albin Michel, París, 1990.

BRADY, Frank, *Hefner: An Unauthorized Biography*, Macmillan, Nueva York, 1974.

BRAKE, Miles (ed.), *Human Sexual Relationships: Towards a Redefinition of Sexual Politics*, Pantheon Books, Nueva York, 1982.

BRUNO, Giuliana, *Public Intimacy. Architecture and the Visual Arts*, The MIT Press, Cambridge, Massachusetts, 2007.

BUENO, María José, «Le Panopticon érotique de Ledoux», *Dix-huitième siècle*, n.º 22, 1990, pp. 413-421.

BULLOUGH, Vern L., *Sexual Variance in Society and History*, Chicago University Press, Chicago, 1976.

BULLOUGH, Vern L., y BULLOUGH, Bonnie, *Women and Prostitution*, Prometheus Books, Buffalo, Nueva York, 1987.

BULLOUGH, Vern L., SHELTON, Brenda, y SLAVIN, Sarah, *The Subordinate Sex: A History of Attitudes Towards Women*, University of Georgia Press, Athens, Georgia, 1988.

BUTLER, Judith, *El género en disputa. El feminismo y la subversión de la identidad*, Paidós, Barcelona, 2007.

—, *Cuerpos que importan*, Paidós, Buenos Aires, 2008.

CALINESCU, Matei, *Five Faces of Modernity: Modernism, Avant-Garde, Decadence, Kitsch, Postmodernism*, Duke University Press, Durham, Carolina del Norte, 1987.

CASTILLO, Greg, *Cold War on the Home Front, The SoftPower of Midcentury Design*, University of Minnesota Press, Minneapolis, 2010.

COHAN, Steven, y HARK, Ina Rae (eds.), *Screening the Male. Exploring Masculinities in Hollywood Cinema*, Routledge, Nueva York, 1993.

COLOMINA, Beatriz, *Privacy and Publicity. Modern Architecture as Mass Media*, The MIT Press, Cambridge, Massachusetts, 1996.

—, «The Medical Body in Modern Architecture», *AnyBody*, Cynthia Davidson (ed.), The MIT Press, Cambridge, Massachusetts, 1997.

—, «Un exotismo de lo doméstico. Entrevista con Beatriz Colomina», Iván López Munuera, *Arte y Parte*, n.º 80, 2009, pp. 62-79.

—, *Domesticity at War*, The MIT Press, Cambridge, Massachusetts, 2007.

COLOMINA, Beatriz (ed.), *Sexuality & Space*, Princeton Architectural Press, Nueva York, 1992.

COLLINS CROMLEY, Elizabeth, «Sleeping Around: A History of American Beds and Bedrooms», *Journal of Design History*, vol. 3, n.º 1, 1990.

CONRADS, Ulrich, *Programas y manifiestos de la arquitectura del siglo XX*, Lumen, Barcelona, 1973.

COOK, Peter, *Archigram*, Princeton Architectural Press, Nueva York, 1999.

CORSANI, Antonella, *et al.*, *Le bassin du travail immatériel dans la métropole parisienne*, PUF, París, 1991.

COTT, Nancy, *The Bonds of Womanhood: Woman Sphere in Nueva England 1780-1835*, Yale University Press, New Haven, 1977.

CRARY, Jonathan, FERER, Michel, *Incorporations*, Zone Books, Nueva York, 1992.

DE BEAUVOIR, Simone, *El segundo sexo*, Cátedra, Madrid, 2005.

DEBORD, Guy, *La sociedad del espectáculo*, Pre-Textos, Valencia, 2002.

DELEUZE, Gilles, y GUATTARI, Félix, *Kafka. Por una literatura menor*, Era, México, 1978.

D'EMILIO, John, y FREEDMAN, Estelle B., *History of Sexuality in America*, Harper and Row, Nueva York, 1988.

DORFLES, Gillo, *El Kitsch, Antología del mal gusto*, Lumen, Barcelona, 1973.

EASTERLING, Keller, *Enduring Innocence. Global Architecture and Its Political Masquerades*, The MIT Press, Cambridge, Massachusetts, 2005.

EASTON, Susan, *The Problem of Pornography, Regulation and the Right of Free Speech*, Routledge, Nueva York, 1994.

213

EDEN, Mary, y CARRINGTON, Richard, *The Philosophy of the Bed*, Putnam, Nueva York, 1961.

EDGREN, Gretchen, *Inside the Playboy Mansion*, Aurum Press, Londres, 1998.

—, *Playboy, 40 ans*, trad. Jacques Collin, Hors Collection, París, 1996.

ESCOHOTADO, Antonio, *Historia general de las drogas*, Espasa Calpe, Madrid, 2008.

FERNBACH, David, *A Theory of Capitalist Regulation: The U.S. Experience*, New Left Books, Londres, 1976.

FORTY, Adrian, *Objects of Desire*, Pantheon, Nueva York, 1986.

FOUCAULT, Michel, *Vigilar y castigar. Nacimiento de la prisión*, Siglo XXI, Madrid, 1994.

—, «Sade, sergent du sexe» (1975), en *Dits et écrits*, vol. II, Gallimard, París, 1994.

—, «La gouvernementalité» (1977-1978), en *Dits et écrits*, vol. IV, Gallimard, París, 1994.

—, «Espace, savoir et pouvoir» (1982), en *Dits et écrits*, vol. IV, Gallimard, París, 1994.

—, *Historia de la locura en la época clásica*, FCE, México, 1967.

—, *Seguridad, territorio, población*, Akal, Madrid, 2008.

—, *Nacimiento de la biopolítica*, Akal, Madrid, 2009.

—, *Le Corps utopique, Les Hétérotopies*, Lignes, París, 2009.

FRAMPTON, Kenneth, *Historia crítica de la arquitectura moderna*, Gustavo Gili, Barcelona, 1985.

FRATERRIGO, Elizabeth, «The Answer to Suburbia: Playboy's Urban Lifestyle», *Journal of Urban History*, vol. 34, n.º 5, 2008, pp. 747-774.

—, *Playboy and the Making of the Good Life in Modern America*, Oxford University Press, Nueva York, 2009.

FRIEDAN, Betty, *La mística de la feminidad*, Júcar, Madrid, 1974.

FRIEDMAN, Alice T., *Women and the Making of the Modern House: A Social and Architectural History*, Harry Abrams, Nueva York, 1998.

FUENTES, Rémy, *Strip-tease. Histoire et légendes*, La Musardine, París, 2006.

FUSS, Diana (ed.), *Inside/Out: Lesbian Theories, Gay Theories*, Nueva York, Routledge, 1991.

GANDELSONAS, Mario, *eXurbanismo: La arquitectura y la ciudad norteamericana*, Infinito, Buenos Aires, 2007.

GIEDION, Sigfried, *La mecanización toma el mando*, Gustavo Gili, Barcelona, 1978.

—, *Espacio, tiempo y arquitectura*, Dossat, Madrid, 1982.

GILBERT, Eugene, *Advertising and Marketing to Young People*, Printers' Ink Books, Pleasantville, Nueva York, 1957.

GILLIES, Mary DAVIS (ed.), *What Women Want in Their Bedrooms of Tomorrow: A Report of the Bedroom of Tomorrow. Contest Conducted by McCall's Magazine*, McCall Corporation, Nueva York, 1944.

GOLDSTEIN, Lawrence (ed.), *The Male Body: Features, Destinies, Exposure*, University of Michigan Press, Ann Arbor, 1994.

GRANTHAM, Bill, *Some Big Bourgeois Brothel: Context for France's Cultural War With Hollywood*, Luton Press, Bedforshire, 2000.

GRENIER, Catherine, *Los Angeles 1955-1985, Naissance d'une capitale artistique*, Centre Pompidou, París, 2006.

GROWLEY, David, y PAVITT, Jane, *Cold War Modern: Design 1945-1975*, V&A Publishing, Victoria and Albert Museum, Londres, 2008.

HANNIGAN, John, *Fantasy City: Pleasure And Profit in The Postmodern Metropolis*, Routledge, Londres, 1998.

HANSON, Susan, y PRATT, Geraldine, *Gender, Work and Space*, Routledge, Nueva York, 1995.

HAVARD, Henry, *Dictionnaire de l'ameublement et de la décoration*, Quantin, París, 1887-1890.

HAYDEN, Dolores, *The Grand Domestic Revolution: A History of Feminist Designs for American Homes, Neighborhoods and Cities*, The MIT Press, Cambridge, Massachusetts, 1984.

215

—, *Redesigning the American Dream: Gender, Housing, and Family Life*, The MIT Press, Cambridge, Massachusetts, 1981.

HEFNER, Hugh, *That Toddlin' Town: A Rowdy Burlesque of Chicago Manners and Morals*, Chicago Publishers, Chicago, 1951.

HEFNER, Hugh M. (ed.), *The Twelfth Anniversary Playboy Cartoon Album*, Playboy Press, Chicago, 1965.

HELLER, Dana, «House Breaking History: Feminism's Troubled Relationship with the Domestic Sphere», en Diane Elam y Robyn Wiegman (eds.), *Feminism Beside Itself*, Routledge, Londres, 1995.

HITCHCOCK, Henry-Russell, *The Rise of an American Architecture*, Pall Mall Press, Londres, 1970.

HOCHSCHILD, Arlie, *La mercantilización de la vida íntima*, Katz Editores, Buenos Aires/Madrid, 2008.

HOLLOWS, Joanne, «The Bachelor Dinner: Maculinity, Class and Cooking in Playboy, 1953-1961», *Continuum: Journal of Media & Cultural Studies*, vol. 16, n.º 2, 2002, pp. 143-155.

HUNT, Lynn (ed.), *The Invention of Pornography. 1500-1800*, The MIT Press, Cambridge, Massachussets, 1993.

HURSLEY, Timothy, *Brothels of Nevada. Candid Views of America's Legal Sexual Industry*, Princeton Architectural Press, Nueva York, 2004.

HUXTABLE, Ada Louise, *The Unreal America. Architecture and Illusion*, The New Press, Nueva York, 1997.

IACUB, Marcela, *Par le trou de la serrure. Une histoire de la pudeur publique. XIX-XXI siècle*, Fayard, París, 2008.

JENCKS, Charles A., *El lenguaje de la arquitectura posmoderna*, Gustavo Gili, Barcelona, 1980.

—, *Movimientos modernos en arquitectura*, Blume, Madrid, 1983.

JOHNSON, David K., *The Lavender Scare: The Cold War Persecution of Gays and Lesbians in the Federal Government*, University of Chicago Press, Chicago, 2006.

216

KENDRICK, Walter, *The Secret Museum. Pornography in Modern Culture*, California University Press, Berkeley, 1996.

KRUSE, Kevin M., y SUGRUE, Thomas J., *The New Suburban History*, Chicago University Press, Chicago, 2006.

LADD, Brian, *Autophobia. Love and Hate in the Automobile Age*, University of Chicago Press, Chicago, 2008.

LASANSKY, Medina, y MCLAREN, Brian (eds.), *Architecture and Tourism, Perception, Performance and Place*, Berg, Oxford, 2004.

LAUMANN, Edgard O., *et al.* (eds.), *The Sexual Organization of the City*, Chicago University Press, Chicago, 2004.

LAURO, Al Di, y RABKIN, Gerald, *Dirty Movies. An Illustrated History of the Stag Film 1915-1970*, Chelsea House, Nueva York, 1976.

LEACH, Neil (ed.), *Rethinking Architecture. A Reader in Cultural Theory*, Routledge, Londres, 1997.

LEBENSZTEJN, Jean-Claude, *Transaction*, Amsterdam, París, 2007.

LEFEBVRE, Henri, *La vie quotidienne dans le monde moderne*, Gallimard, París, 1968.

—, *La production de l'espace*, Anthropos, París, 1974.

—, *Position: Contre les Technocrates*, Gauthier, París, 1967.

LEIGH SCOTT, Kathryn, *The Bunny Years, The Surprising Inside Story of the Playboy Clubs: The Women Who Worked as Bunnies and Where They Are Now*, Pomegranate Press, Los Ángeles, 1998.

MARAZZI, Christian, *El sitio de los calcetines*, Madrid, Akal, 2003.

MARIN, Louis, *Utopies: Jeux d'espaces*, Minuit, París, 1973.

MARLING, Karal Ann, *As Seen on TV: The Visual Culture of Everyday Life in the 1950s*, Harvard University Press, Cambridge, Massachusetts, 1996.

MARTIGNETTE, Charles G., y MEISEL, Louis K., *The Great American Pin-Up*, Taschen, Nueva York, 1999.

MAURIES, Patrick, *Shell Shock: Conchological Curiosities*, Thames and Hudson, Nueva York, 1994.

217

McLUHAN, Marshall, *Comprender los medios de comunicación*, Paidós, Barcelona, 2009.

MEAD, Margaret, *Sexo y temperamento en tres sociedades primitivas*, Paidós, Barcelona, 2006.

MIGAYROU, Frédéric, *et al.* (eds.), *Architecture radicale*, IAC, Villeurbanne, 2001.

MILLER, Russell, *Bunny: The Real Story of Playboy*, Michael Joseph, Londres, 1984.

MULVEY, Laura, *Visual and Other Pleasures*, Indiana University Press, Bloomington, 1989.

MUMFORD, Lewis, *Technics and Civilization*, Harvest, Orlando, Florida, 1963.

NEAD, Lynda, *Female Nude. Art, Obscenity and Sexuality*, Routledge, Nueva York, 1992.

OLALQUIAGA, Celeste, *The Artificial Kingdom. On The Kitsch Experience*, University of Minnesota Press, Minneapolis, 1998.

O'TOOLE, Laurence, *Pornocopia. Porn, Sex, Technology and Desire*, Serpent Tail, Londres, 1998.

PARSONS, Talcott, «Age and Sex in the Social Structure of the United States», en P. Manning y M. Truzzi (eds.), *Youth & Sociology*, Prentice Hall, Nueva Jersey, 1972, pp. 136-147.

PAVITT, Jane, *Fear and Fashion in the Cold War*, V&A Publishing, Victoria and Albert Museum, Londres, 2008.

PRECIADO, Beatriz, «Mies-conception: La Casa Farnsworth y el misterio del armario transparente», *Zehar, Revista de Arteleku*, n.º 44, 2000, pp. 26-32.

—, *Testo yonqui*, Espasa Calpe, Madrid, 2008.

RABINBACH, Anson, *The Human Motor*, Basic Books, Nueva York, 1990.

RASMUSSEN, Nicolas, «America's First Amphetamine Epidemic 1929-1971: A Quantitative and Qualitative Retrospective With Implications for the Present», *American Journal of Public Health*, vol. 98, n.º 6, junio de 2008, pp. 974-985.

REED, Christopher, *Not at Home: The Suppression of Domesticity in Modern Architecture*, Thames and Hudson, Londres, 1996.

RICE, Charles, *The Emergence of the Interior: Architecture, Modernity, Domesticity*, Routledge, Nueva York, 2006.

RICH, Adrienne, «Compulsory heterosexuality and lesbian existence», *Signs*, vol. 5, n.º 4, 1980, pp. 631-660.

RICHARDSON, Herbert, *Nun, Witch, Playmate: The Americanization of Sex*, Harper and Row, Nueva York, 1974.

RIFKIN, Jeremy, *Beyond Beef. The Rise and Fall of the Cattle Culture*, Plume, Nueva York, 1992.

ROBOTHAM, Tom, *Baby doll: les pin-up de Varga*, Presses de la Cité, París, 1993.

ROSS, Kristin, *Fast Car, Clean Bodies, Decolonization and the Reordering of French Culture*, The MIT Press, Cambridge, Massachusetts, 1995.

ROTH, Leland M., *American Architecture. A History*, Icon Editions/Westview Press, Oxford, 2001.

RÜEDI, Katerina, WIGGLESWORTH, Sarah, y MCCORQUODALE, Duncan (eds.), *Desiring Practices. Architecture, Gender and the Interdisciplinary*, Black Dog Publishing, Londres, 1996.

SADLER, Simon, *Archigram: Architecture without Architecture*, The MIT Press, Cambridge, Massachusetts, 2005.

SANDERS, Joel, *Stud. Architectures of Masculinity*, Princeton Architectural Press, Nueva York, 1996.

SCULLY, Vincent, *American Architecture and Urbanism*, Thames & Hudson, Londres, 1969.

SINGLEY, Paulette, «The Anamorphic Phallus within Ledoux's Dismembered Plan of Chaux», *Journal of Architectural Education*, vol. 46, n.º 3, febrero de 1993, pp. 176-188.

SLOTERDIJK, Peter, *Esferas III, Espumas. Esferología Plural*, Siruela, Madrid, 2006.

SPIEGEL, Lynn, *Make Room for TV: Television and the family Ideal in Postwar America*, Chicago University Press, Chicago, 1992.

219

STOLLER, Robert J., *Observing the Erotic Imagination*, Yale University Press, New Haven, 1985.

TALESE, Gay, *The Neighbors's Wife*, Harper, Nueva York, 1980.

TEYSSOT, Georges (ed.), *The American Lawn*, Princeton Architectural Press, Nueva York, 1999.

UPTON, Dell, *Architecture in the United States*, Oxford University Press, Nueva York, 1998.

VEGESACK, Alexander von, DUNAS, Peter, y SCHWARTZ-CLAUSS, Mathias (eds.), *One Hundred Masterpieces from the Vitra Design Museum Collection*, catálogo de exposición, Vitra Design Museum, Weil am Rhein, 1996.

VEILLON, Olivier-René, *Le Cinéma américain des années cinquante*, Seuil, París, 1984.

VENTURI, Robert, SCOTT-BROWN, Denise, e IZENOUR, Steven, *Aprendiendo de Las Vegas*, Gustavo Gili, Barcelona, 2000.

VIDLER, Anthony, *El espacio de la Ilustración*, Alianza, Madrid, 1997.

VIRILIO, Paul, *Velocidad y política*, La Marca, Buenos Aires, 2007.

—, *Bunker archéologie*, L'Imprimeur, París, 2006.

WEEKS, Jeffrey, *Sex, Politics and Society: The Regulation of Sexuality Since 1800*, Longman, Londres, 1981.

WIGLEY, Mark, *White Walls Designer Dresses. The Fashining of Modern Architecture*, The MIT Press, Cambridge, Massachusetts, 2001.

WILLIAMS, Linda, *Hardcore. Power, Pleasure and the «Frenzy of the Visible»*, California University Press, Berkeley, 1989.

— (ed.), *Porn Studies*, Duke University Press, Durham, Carolina del Norte, 2004.

WRIGHT, Gwendolyn, *Building the Dream: A Social History of Housing in America*, The MIT Press, Cambridge, Massachusetts, 1981.

ZEVI, Bruno, *Historia de la arquitectura moderna*, Poseidón, Barcelona, 1980.

ÍNDICE

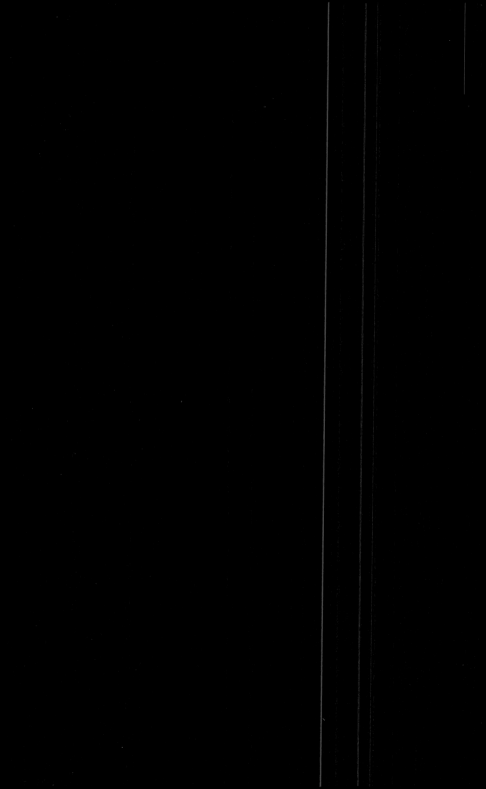